essentials

Essentials liefern aktuelles Wissen in konzentrierter Form. Die Essenz dessen, worauf es als „State-of-the-Art" in der gegenwärtigen Fachdiskussion oder in der Praxis ankommt. Essentials informieren schnell, unkompliziert und verständlich

- als Einführung in ein aktuelles Thema aus Ihrem Fachgebiet
- als Einstieg in ein für Sie noch unbekanntes Themenfeld
- als Einblick, um zum Thema mitreden zu können.

Die Bücher in elektronischer und gedruckter Form bringen das Expertenwissen von Springer-Fachautoren kompakt zur Darstellung. Sie sind besonders für die Nutzung als eBook auf Tablet-PCs, eBook-Readern und Smartphones geeignet.

Essentials: Wissensbausteine aus Wirtschaft und Gesellschaft, Medizin, Psychologie und Gesundheitsberufen, Technik und Naturwissenschaften. Von renommierten Autoren der Verlagsmarken Springer Gabler, Springer VS, Springer Medizin, Springer Spektrum, Springer Vieweg und Springer Psychologie.

Der Dandy und seine Verwandten

Robert Hettlage

Der Dandy und seine Verwandten

Elegante Flaneure, vergnügte Provokateure, traurige Zeitdiagnostiker

Springer VS

Prof. (em.) Dr. Dr. Robert Hettlage
Universität Regensburg
Deutschland

ISSN 2197-6708   ISSN 2197-6716 (electronic)
ISBN 978-3-658-06142-5   ISBN 978-3-658-06143-2 (eBook)
DOI 10.1007/978-3-658-06143-2

Die Deutsche Nationalbibliothek verzeichnet diese Publikation in der Deutschen Natio-
nalbibliografie; detaillierte bibliografische Daten sind im Internet über http://dnb.d-nb.de
abrufbar.

Springer VS

Springer VS ist eine Marke von Springer DE. Springer DE ist Teil der Fachverlagsgruppe
Springer Science+Business Media
www.springer-vs.de

Vorwort

Das Wort „Dandy" hat im Deutschen keinen guten Klang. Es steht für Geck, Protz, feiner Pinkel, Kleidernarr, Renommist, Großtuer, Snob und Narziss oder adjektivisch gewendet für aufgeblasen, eitel, hochmütig, selbstgefällig, theatralisch, arrogant, eitel, ruhmsüchtig und unverfroren (vgl. Dornseiff 1965, S. 328, 430). Die Anmaßung der Dandys scheint eher auf bedauerliche Charakterfehler als auf eine gesellschaftlich bedeutsame Rolle hinzudeuten. Was hier umstandslos an Attributen nebeneinandergesetzt ist, muss jedoch aus der Vereinseitigung befreit und in seine Bestandteile zerlegt werden, damit andere Facetten des Begriffsfelds hervortreten können. Aber im Kern ist er weder der galante Schmeichler, Frauenheld und Verführer nach Art des Don Juan noch ist er die komische Figur, die zu faul, selbstbezogen und ungeschickt ist, um es zu etwas zu bringen, wie etwa der Dramatiker Sir George Etheridge (1635–1691) und seine Figuren in „The Man of Mode" (1676) (vgl. Ritchie 2007, S. 105 ff.). Es mag schon sein, dass „von außen" betrachtet die Attitüde des Lächerlichen dominiert. Mit dem Selbstbild des Dandys, sei es aus eigenem Antrieb gewählt oder von „signifikanten Dritten" an ihn herangetragen, muss das aber keineswegs übereinstimmen. Neid und Schadenfreude sind als treibende Kräfte der Abwertung nie ganz ausgeschlossen.

Dass hinter dem öffentlichen Auftreten des Dandys etwas anderes stehen könnte als nur die zur Herabsetzung einladende Attitüde des aufs Äußerliche bedachten, dreisten Aufschneiders, zeigt allein die Tatsache, dass sich verschiedene Länder seit Jahrzehnten um die „Urheberrechte" am Wort „dandy" bemühen. Briten, Franzosen und Amerikaner bekunden ein erstaunliches Interesse daran, das Wort etymologisch für sich zu vereinnahmen und somit etwas vom Glanz und von der Originalität des Dandys auf sich zu lenken.

Die Briten machen geltend, dass das Wort „dandy" schottischen Ursprungs sei und ab 1780 für junge Leute verwendet wurde, die in außergewöhnlicher Kleidung auf den Jahrmarkt gingen (dainty) und dabei wohl etwas künstlich und affektiert wirkten (dandilly). Andere sehen darin eine Kurzform von „jack-a-dandy" eine seit 1650 geläufige Bezeichnung für selbstbezogene, unverschämte Menschen (wobei das Präfix „jack" eine Verkleinerung andeutet) (vgl. Hörner 2008, S. 246). Mit dem Lied „Yankee Doodle Dandy" wurden die als affektiert erlebten Uniformen der amerikanischen Truppen im Unabhängigkeitskrieg von den Briten parodiert („maccaroni"). Die Amerikaner sehen das anders. Sie betonen die lautmalerische Verbindung von „handy-dandy" in diesem Lied und setzen somit auf den Aspekt der Geschicklichkeit.

Anders die Franzosen. Sie verweisen auf das altfranzösische „dandin" bzw. „dandiner" (tändeln) oder auf die französischen Dichter La Fontaine, Racine, Rabelais und Molière (1668), die mit der Figur des Perrin Dandin (Rabelais) oder Georges Dandin (Molière) jemanden bezeichnen, der in die feine Gesellschaft einheiratet, dort aber nicht „ankommt" und somit in selbst verschuldete Schwierigkeiten gerät (Carassus 1971, S. 6). Nicht weit davon entfernt ist der Wortsinn von „dandelion" (dent-de-lion: Löwenzahn), um denjenigen zu kennzeichnen, der sich, trotz aller sozialen Unsicherheit, als Salonlöwe in der mondänen Gesellschaft festbeißt (Coblence 1988, S. 20). Wieder andere verweisen sogar auf indische, persische oder griechische Wurzeln des Wortes.

Eine eindeutige Herkunft konnte bisher nicht herausgefunden werden. Dennoch fällt anhand der etymologischen Zuordnungen auf, dass mit dem Dandy offensichtlich mehr zur Debatte steht als nur der eitle Fatzke. Gemeint ist wohl ein sozialer Typus, der mit der ihn umgebenden Gesellschaft in einer spannungsvollen Beziehung steht. Die Tatsache, dass um die Originalität seiner Herkunft gestritten wird, macht uns darauf aufmerksam, dass in manchen Gesellschaften, vielleicht in jeder Gesellschaft, mit einem Orientierungs- und Handlungsmuster (pattern) zu rechnen ist, das in diese Gesellschaft nicht vollständig hineinpasst. Zwei auf den ersten Blick gegensätzliche Varianten sind hierzu denkbar: Entweder will der Dandy mit aller Energie dazugehören oder er wehrt sich dagegen, den Erwartungen zu entsprechen, die an ihn gerichtet werden. Beides kann in komplizierter Weise miteinander verbunden sein.[1]

---

[1] Dieses Essential basiert auf dem gleichnamigen Beitrag im Buch „Missvergnügen – Zur kulturellen Bedeutung von Betrübnis, Verdruss und schlechter Laune" von Alfred Bellebaum und Robert Hettlage, erschienen 2012 bei Springer VS. Der Beitrag wurde für die Veröffentlichung in der Reihe Essentials überarbeitet und erweitert.

Inhaltsverzeichnis

Der Prototyp des Dandys: George B. Brummell   1

1.1 Die historische Figur

Auffällig ist, dass die meisten Autoren das Phänomen des Dandyismus als Erscheinung des frühen 19. Jahrhunderts begreifen und an die historische Figur des George Bryan Brummell („Beau Brummell") (1778–1840) binden. Brummell, selbst nicht von adligem Stand, wurde der Salon-Dandy der britischen aristokratischen Gesellschaft (Erbe 2009, S. 18). Immerhin Student in Eton und Oxford, war er seit einer gemeinsamen militärischen Ausbildung vor allem ein Freund des Prince of Wales, des späteren Königs George IV. Durch diese Verbindung, aber auch dank seines eleganten, geistreichen und provokatorischen Benehmens hatte er es erreicht, auf die „besseren Kreise" einen außerordentlichen Einfluss auszuüben. Im Militär hatte er es zum Hauptmann gebracht, dann 1798 die Armee quittiert und es schließlich geschafft, als Mitglied eines exklusiven Clubs aufgenommen zu werden. Einer festen Tätigkeit ging er danach nur noch kurzzeitig als Konsul in Caen (1830) nach. Seine finanzielle Absicherung war offenbar unproblematisch. 18 Jahre dauerte seine „Herrschaft" über die Londoner Salons und Clubs. Manchen, wie Lord George Byron (Freund von Brummell und selbst ein einflussreicher Dandy), galt er für diese kurze Spanne als so bedeutsam wie Napoleon (!), der von 1796 bis 1815 Europa militärisch beherrschte und mit dem er fast gleichzeitig unterging. Nur hatte Napoleon bei Waterloo die entscheidende Schlacht verloren und war 1815 nach St. Helena verbannt worden, während Brummell 1816 wegen Spielschulden aus London floh, sich in Calais/Frankreich niederließ, dort 1835 ins Schuldgefängnis kam und später im Armenhaus an Syphilis starb (1840). Der eine war ein politischer, der andere ein gesellschaftlicher Draufgänger. Ebenbürtige Nachfolger könnte man sich in beiden Fällen nicht vorstellen.

Beau Brummell führte in Mode und Auftreten auf paradoxe Weise die Tradition der französischen „incroyables" des späten 18. Jahrhunderts weiter. Während diese sich nämlich höchst auffällig, extravagant und selbstgefällig schmückten, gab sich

R. Hettlage, *Der Dandy und seine Verwandten*, essentials,
DOI 10.1007/978-3-658-06143-2_1, © Springer Fachmedien Wiesbaden 2014

Brummell zwar exquisit, aber eher kontrolliert einfach. Er war auch von der Physiognomie her kein „beau". Dennoch hatte er offenbar alles, was eine Identifikationsfigur benötigte. Bald galt er im ganzen Land als der „arbiter elegantiarum". Er behauptete von sich, alles zur Mode erheben zu können, und sei es das Gegenteil! Sein Auftreten wurde von vielen in der „upper class" nachgeahmt, ja, für die „bessere" Gesellschaft der Jahrhundertwende zum 19. Jahrhundert galt er schlechthin als stilgebend. Auf ihn soll zurückzuführen sein, dass das Perückentragen abgeschafft wurde und der moderne Anzug sich durchsetzte. Er war der „König der Dandys" (Barbey d'Aurevilly II, S. 673) und gilt in dieser Hinsicht bis heute als unerreicht.

Das ist höchst erstaunlich. Aber vielleicht kommen wir dem Phänomen näher, wenn wir beachten, dass es weniger seine Kleidung war, die ihm einen solchen Ruf einbrachte, als die Bemühung, sein Leben als „Gesamtkunstwerk" (Pückler-Muskau 1830) in Szene zu setzen. In allem war er darauf aus, „sich dank seines verfeinerten Geschmacks und seiner gepflegten Erscheinung sowie mittels eines geistreich-zynischen Konversationstons und einer gleichgültig-arroganten Haltung über das Alltägliche, ‚Mittelmäßige' und ‚Vulgäre' der bürgerlichen Existenz hinwegzusetzen" (Rossbach 2002, S. 14).

Dabei hatte er „nichts außer sich selbst" (Barbey) vorzuweisen: Er war weder von Adel, noch war er mit gesellschaftlichen Privilegien gesegnet. Er konnte sich auf keine formelle Machtstellung stützen und hatte wohl auch nicht genügend Geld (wie sich später herausstellen sollte), um längerfristig unabhängig zu sein. Dennoch rief er als Bürgerlicher den Adligen in der Zeit der industriellen Revolution ins Gedächtnis, dass Adel etwas mit Distinktion zu tun habe. Als Nicht-Adliger gab er dem Adel gegen das gesellschaftlich mächtig werdende Bürgertum wenigstens eine „façon de parler", vielleicht sogar auch eine spielerisch vorgetragene „raison d'agir" vor: Als Adliger darf man sich von den Verhältnissen nicht unterkriegen lassen. Man muss immer, auch in Zeiten des gesellschaftlichen Niedergangs (décadence), Haltung und Stil bewahren. Man darf sich durch nichts aus der Ruhe bringen lassen. Mag die bisherige Welt in ihren Grundfesten erschüttert werden und zu Gefühlen der Verängstigung und des Unbehagens Anlass geben, so muss man doch den Kopf immer hoch tragen und sich – im Wissen um die eigene, innere Überlegenheit, sei sie auch noch so aufgesetzt – unerschütterlich, distanziert und desengagiert, ja gelangweilt geben.

Das dürfte der verunsicherten Adelsgesellschaft und auch dem Prinzen und späteren Prinzregenten (seit 1811) und König George IV. gefallen haben. Von George IV. wird berichtet, dass er Brummell oft bei dessen herrschaftlicher Ankleidezeremonie – ganz den berühmten Morgenempfang im Schlafzimmer der französischen Könige des 17. und 18. Jahrhunderts, das „lever" – imitierend, zusah und ganze Tage mit ihm essend und trinkend verbrachte. Er war aber nicht nur der Dandy des

Königs. Brummell nahm, hier wohl in der Nachfolge des traditionellen *Hofnarren* (hierzu Dörr-Backes 2003), auch seinen Monarchen nicht vom Spott und der spielerischen Umkehrung der Machtverhältnisse aus. Dafür steht beispielsweise seine Bemerkung zu Betrachtern seiner exquisiten Sammlung von Tabakdosen: „Diese Tabakdose wäre für den Prinzregenten gewesen, wenn er sich mir gegenüber besser benommen hätte." Erst als er dem König mit seiner Arroganz und Anmaßung wirklich zu nahe getreten war, bekam er die reale Macht im Lande zu spüren. König George IV. entzog ihm seine Wertschätzung. Damit war eine wichtige Säule seiner öffentlichen Geltung eingeknickt, und die Geldverleiher trauten sich nun, ihre Darlehen zurückzufordern. Das war das Ende von Beau Brummells kurzer, aber unvergleichlicher Herrschaft über die Mode, die Salons – und die atemlosen Gerüchte.

1.2 Die Brummelliana

Dabei kommt ein weiterer, fast subversiver Zug des Brummell'schen Dandytums zum Tragen. Ein Großteil seiner sozialen Wirkung beruhte auf der Legende. Er selbst unternahm nichts gegen, aber viel dafür, dass alle möglichen Geschichten, Bonmots und Provokationen von ihm und über ihn in Umlauf gelangten. Matte Dementis stützten nur den Verdacht, dass die Vorgänge doch wahr oder Brummell jedenfalls zuzutrauen seien.

(1) Schon bald nach seinem Tod gab es erste Sammlungen seiner Heldentaten (Jesse 1844), die immer wiederholt und im Geiste Brummells situationsgerecht abgewandelt wurden. Das verlieh ihm die Aura des Herausragenden und dem Adel ein fiktives, handlungsentlastendes Orientierungsraster.

Berühmt wurden seine kunstvoll drapierten Krawatten und „gestylten" Kragen, die nachzuahmen beinahe unmöglich schien, oder seine Stiefel, die er angeblich mit Champagner polierte. Ein ähnliches Bild entwarf die Anekdote, dass er immer zwei Handschuhmacher, einen extra für die Daumen, beauftragte und drei Friseure benötigte, einen für das Stirnhaar, einen für das Nackenhaar und einen für das Haupthaar.

Dieses Beharren auf exzentrischer Distinktion diente der Überhöhung seiner modischen Regentschaft.

(2) Anders die Anekdoten über das Verhältnis der beiden Georges. Sie sind von unmittelbar politischem Kaliber, zeugen von Mut, kalkuliertem Normbruch und frecher Selbstüberschätzung. Zwei der am häufigsten kolportierten „On dits" gehen so:

Als beide Freunde einmal in das Schloss des Königs eintraten, soll Brummell gesagt haben: „Wales, ring the bell!" Und als Brummell den dicklichen Regenten einmal nicht zu einem seiner großen Dinners eingeladen hatte, dieser aber trotzdem erschienen war und den Gastgeber dafür mit Missachtung strafte, soll Letzterer, die Situation ironisch auf die Spitze treibend, einen anderen Gast gefragt haben, wer denn der fette, alte Freund an dessen Seite eigentlich sei (Woolf 1930).

Der Wahrheitsgehalt dieser und anderer „Begebenheiten" stand bald nicht mehr zur Debatte, so wie nach dem Thomas-Theorem das zur sozialen Wirklichkeit wird, was die Menschen für real halten. Die „Brummelliana" boten vorbildhafte Stellvertreter und Masken in einer sensationslüsternen, aber trägen und inaktiven Gesellschaftsschicht. Beau Brummells „Beispiel" diente als Orientierungsmuster einer detachierten Haltung, die den Realitätstest nur spielerisch, aber nicht wirklich suchte. Die konkurrenzhafte Auseinandersetzung mit den sozial Überlegenen wurde dabei allenfalls in dem ungefährlichen Bereich der Mode geführt. Hier mag Lepenies (1972, S. 50) Überlegung zum Zug kommen, dass Etikette, Mode, Stil, Eleganz, Zeitvertreib und Bewegung gesucht werden, weil man ansonsten nichts „Bewegendes" tun könne. Da die Energien nicht in das primäre Ordnungssystem des realen Machtgefüges eingebunden sind, werden sie auf das abgeleitete Ordnungssystem des politisch machtlosen, aber gesellschaftsmächtigen Gebarens in den Clubs und Salons umgeleitet. Das bevorzugte „Spielfeld" des Dandys ist daher der Hof des Herrschers und die höfische Gesellschaft. Denn hier werden die Manieren nicht nur geprägt, sondern auch nachgeahmt und zu einem Instrument der sozialen Kontrolle ausgebaut. Norbert Elias hat dies eindrücklich beschrieben.

(3) In der Person des Beau Brummell offenbart sich auch die gewisse Hybridität der Dandy-Figur, die zwischen historischer und literarischer Figur, persönlichem Verhaltensmodell und Fiktion hin und her schwankt. Dies wurde schon manifest, als Benjamin Disraeli und Edward Bulwer-Lytton ihre Dandy-Romane „Vivian Grey" (1826) resp. „Pelham or Adventures of a Gentleman" (1828) veröffentlichten und dabei den Aspekt der Selbstkonstruktion der Autoren nicht verleugneten. Ihre Texte waren noch zu Lebzeiten Brummells geschrieben worden und galten als „dandy-novels". Zwar ist das Leben des Dandys George Brummell als ein dramatisches Exempel für rasanten Aufstieg, kurze Blüte und tiefen Fall zu nehmen, das die Figur so aufregend macht. Wichtiger aber noch: Der einem Wirbelsturm ähnliche Aufprall Brummells auf die Londoner Gesellschaft schien sich als Projektionsfläche für politische und gesellschaftliche Träume mancher Schichten und Einzelpersönlichkeiten auch jenseits des Inselreichs anzubieten. Der Dandy sucht und braucht ein Publikum. Erst über seine Fama und über die Nachahmer seines Lebensstils entfaltet er seine Wirkung. Und so lebte der Dandyismus fort. In der höfischen und später der bürgerlichen Gesellschaft Frankreichs wurde seine Nachfolge angetreten.

Der „Export" des Dandyismus nach Frankreich: Der Schriftsteller-Dandy

2

Mit dem Sieg der Heiligen Allianz über Napoleon und nach der Restauration im Frankreich Karls X. setzte sich dort zwischen 1815 und 1830 – in spezifischer Ausprägung – der Dandyismus durch. Dies war den zahlreichen Emigranten zu verdanken, die vor Napoleon nach England geflohen waren und dort den Einfluss von Brummells gesellschaftlichem Stildiktat erfahren hatten. Alles Britische, von den Clubs über Zeitschriften, Literatur, sprachliche Ausdrucksformen und die Lebensweise vom Essen bis zur Kleidung, wurde nun imitiert. Allerdings waren die Emigranten weniger von Brummells Eleganz angezogen als von der vermeintlichen Exotik alles Englischen. Unter dem Einfluss einer vordergründig verstandenen Romantik, verbunden mit der Imitation der englischen Clubs geriet das gepflegte Auftreten der sogenannten „élégants", wie etwa des künstlerisch ambitionierten Grafen Arthur d'Orsay, zur empfindsamen Affektiertheit, ihre Eleganz zur Extravaganz und auffallenden Verkleidung, ihre Ästhetik zur arroganten, aber oberflächlichen Parade. Davon zeugen einige kurzlebige Zeitschriften oder Magazine, die in ihren Titeln offen auf den Dandyismus anspielten („Le Dandy" [1833], „L'Elégant" [1835], „Le Capricieux" [1838], „Le Lion" [1842]).

Als aber die romantische Bewegung abflaute und sich ab 1830 das Bürgertum politisch durchzusetzen begann, veränderte auch der Dandyismus seinen Charakter. Er mutierte von der reinen Modefixierung (so noch Jesses [1842] sich auf Brummell abstützende Meinung) zur intellektuellen Revolte gegen den heraufziehenden utilitaristischen und ökonomistischen Ungeist der Epoche.

2.1 Der Dandy-Schriftsteller (écrivain-dandy)

Eine neue Ausprägung des Dandyismus wurde von den französischen Philosophen und Literaten begründet. Für sie kristallisierte sich in der Lebensform des Dandys der Jahre 1830–1900 die intellektuelle Auseinandersetzung um die neue

R. Hettlage, *Der Dandy und seine Verwandten*, essentials,
DOI 10.1007/978-3-658-06143-2_2, © Springer Fachmedien Wiesbaden 2014

bürgerliche Gesellschaftsordnung. Angesichts einer brüchig gewordenen Adelsgesellschaft waren Zugeständnisse an gesellschaftliche Veränderungen gefordert. Idol konnte nun nicht mehr der wirtschaftlich abgesicherte „Salonlöwe" sein. Vielmehr entsprach es dem bürgerlichen Geist, zuweilen mehr schlecht als recht, von seiner eigenen Arbeit zu leben. Allerdings durfte man sich nicht an die Verhältnisse „verkaufen". Träger dieser Stilvariante waren die *„bohèmiens"*, die – da meist arm – ihr Selbstverständnis nicht mehr aus der Überlegenheit ihrer modischen Erscheinung bezogen, sondern sich eher auf Stil- und Gesellschaftskritik verlegten.

Anders die „écrivain-dandy", allen voran Balzac, Barbey d'Aurevilly und Baudelaire, die in ihren Essays über den Dandy von 1830, 1845 und 1863 ganz explizit an Beau Brummell anknüpften. Brummell war aber auch für diese Kommentatoren nicht so sehr wegen seiner modischen Erscheinung, sondern wegen seiner durch die Eleganz getragenen Intellektualität als sozio-kulturelles Phänomen von Interesse (Barbey II, S. 673 f.). Denn in der „Urform" des Dandys komme etwas der alltäglichen Welt Überlegenes und für diese Vorbildhaftes zum Tragen (ebenda, S. 691 f.). Der wahre Dandy fällt als „philosophical man of fashion" (Symons) aus seiner Zeit heraus und macht sich nicht mit ihr gemein.

2.2 Literarische Rollenexperimente: Müßiggänger, Beobachter und Provokateure

Dieses Urbild des Dandys machten sich die Schriftsteller-Dandys auch für ihr eigenes Leben und Arbeiten zum Maßstab. Dadurch gewannen nicht nur die von ihnen geschaffenen Figuren, sondern auch sie selbst als deren Autoren durch ihr Auftreten gesellschaftliche Bedeutung. Neben den Dandy als historische Figur in einer Epoche des Umbruchs von der Adelsgesellschaft zum Bürgertum tritt nun dessen Verkörperung im Künstlertypus – als Außenseiter, Beobachter und kritische Instanz. In seiner gesellschaftlichen Tragweite war dieses Rollenbild kaum zu überschätzen. Dabei kommt es zu entscheidenden Ausdifferenzierungen:

(1) *Honoré de Balzac* (1799–1850), selbst ein „élégant" (er verwendet das Wort Dandy nicht), plädiert in seinem noch für die französische adelige Oberschicht geschriebenen „Traité de la vie élégante" dafür, die Rolle des *Müßiggängers* (l'oisif) zu kultivieren. In einer Welt, in der die Schichtgrenzen zum berufstätigen Menschen (l'homme occupé) ständig eingeebnet würden, bliebe als Haltung nur übrig, die geistige Überlegenheit durch einen eleganten Lebensstil zu dokumentieren. Aber Eleganz hat weniger mit Mode als vielmehr mit Einfachheit, Konzentration der Mittel, Disziplin und Geist zu tun. Im Wissen, dass diese privilegierte Lebensform nur noch wenigen vorbehalten ist und als Gesamthabitus einer Schicht ihren Hö-

hepunkt hinter sich hat, ist der elegante Müßiggänger im Grundton doch etwas müde, bekümmert, melancholisch, wenn nicht gar misanthropisch gestimmt. Er ist, wie der Romancier Balzac selbst, ein „homme de gout", der die unvergänglichen und die vergänglichen Dinge liebt, aber zu gut weiß, dass eine Wiedergeburt der Eleganz und des Müßiggangs als Lebensstil nur noch punktuell gelingen wird. Dennoch weigert er sich zu kapitulieren. Balzacs literarische Figuren, die Dandys Rastignac, Rubempré, Marsay und viele andere, zeugen davon. Zu bunt ist die „menschliche Komödie", um ihr nicht als Beobachter, Spötter und Verächter eine Faszination abgewinnen zu können.

An dieses Verständnis des Dandys knüpfen die reichen *bürgerlichen Parvenüs* nur insofern an, als sie sich zur Welt der gentilen Ehre unwiderstehlich hingezogen fühlen. Sie sind überzeugte „Arrivisten". Sie wollen „oben" ankommen. Als Epigonen und Nachahmer sind sie jedoch zur kritischen Distanz, aber auch zur lässigen Selbstverständlichkeit des Lebensstils der „élégants" gar nicht fähig. Das ist der ursprüngliche Sinn des Wortes „Snob" (sine nobilitate). Als Nutznießer des sozialen Aufstiegs können sie gar nicht eine kritische Spiegelung gesellschaftlicher Verhältnisse im Sinn haben. Sie gehen als „gentlemen", anders als Brummell, kein soziales Risiko ein.

(2) *Charles Baudelaire* geht einen Schritt weiter. Er widmet sich in seinem „Le peintre de la vie moderne" einem anderen Typ von Dandy, dem Illustrator Constantin Guys, der nach der Auffassung des Autors das Werk des eleganten Müßiggängers Brummell zeitgemäß weiterführt. Guys war kein blasierter „élégant", der unter seinesgleichen Eindruck machen wollte. Er war vielmehr ein Produkt veränderter gesellschaftlicher Verhältnisse.

Der neuere Typus des Dandys hat sich zwangsläufig von der Adelsgesellschaft gelöst und ist – mehr als eine Generation nach Brummell – in der aufstrebenden bürgerlichen Erwerbs- und Stadtgesellschaft angekommen, zu der er aber in Opposition steht. Als auf seine Arbeit angewiesener Künstler lag ihm nicht mehr so sehr an eleganter Distinktion und melancholischer Selbstbezüglichkeit (die Baudelaire persönlich durchaus noch stilisierte). Vielmehr war er (beruflich) neugierig auf alle Äußerungen von Menschen jeglicher Art, und seien sie auch noch so dekadent, flüchtig, korrupt und abartig. Der *Künstler-Dandy* gestaltet sein Leben nicht zwingend als „élégant" und „oisif" wie Brummell, sondern stellt ein Kunstwerk her, das sich nicht in der Selbstdarstellung erschöpft. Sein ästhetisches Material ist auch nicht die Natur, sondern die Umbruchgesellschaft der modernen Großstadt in allen ihren ambivalenten Daseinsformen. Der Dandy des späten 19. Jahrhunderts ist nach Baudelaires berühmter Formel kein autistischer Solitär, sondern der (nunmehr bürgerlich gewordenen) Welt zugewandt: „un moi insatiable du non-moi" (Baudelaire 1961, S. 1161).

Stendhal (Henri Beyle) und *Théophile Gautier* stimmen mit dieser Charakterisierung überein, verschärfen aber die ästhetizistische Seite. Auch die eigene Arbeit als Künstler-Dandys unterliegt demselben Habitus des überaus geistreichen, ironischen Parodisten, weswegen sie sich, wie Graf Robert de Montesquieu, selbst als Dilettanten bezeichnen müssen. Das gilt später auch für Oscar Wilde und Hugo von Hofmannsthal.

Im ausgehenden 19. Jahrhundert geht der Dandy mit dem dekadenten Ästheten eine Symbiose ein. Der *Dandy-Ästhetizist* eines *Stéphane Mallarmé* ist ebenso wie der *Dandy Duc Jean Floressas Des Esseintes* in *Joris Karl Huysmans* „A Rebours" („Gegen den Strich") (1884) vordergründig kein „homme revolté" mehr, sondern ganz nach innen gerichtet. Statt zu reisen, sammelt Des Esseintes Fahrpläne für mögliche Reisen. Das eigene Selbst verdrängt das Interesse an „der Welt". Folgerichtig zieht er sich auf seinen Landsitz zurück und bricht die Kommunikation nach außen weitgehend ab. Des Esseintes ist nur noch vom gesellschaftlichen Verfall fasziniert und feiert die Schönheit des Untergangs. Bar jeder zupackenden Energie kultiviert er das äußerste Raffinement und die eigene Innerlichkeit. Als Teil der ästhetischen Komposition seiner Umgebung malt er beispielsweise den Panzer seiner Schildkröte golden an und bestückt ihn mit Edelsteinen. Er findet nur noch Freude an der Lektüre antiker Autoren und insbesondere an den abgründigen Seiten des dekadenten spätrömischen Alltagslebens, wie sie *Petronius* beschrieben hat. Diese Seite war Beau Brummell gänzlich fremd, während Oscar Wilde sich sehr von Des Esseintes angesprochen fühlte.

(3) Eine noch entschieden kulturkritischere Note des Dandys arbeitet *Jules Barbey d'Aurevilly* in seinem Essay „Du dandysme et de George Brummell" heraus. Beau Brummell war für ihn ein Zeitdiagnostiker, der es verstand, die sogenannte bessere Gesellschaft auf unterhaltsame und daher leicht zu verkennende Weise zu kritisieren. Ausdruck der Revolte ist sein Kunstwerk, welches sein eigenes Leben war. Damit faszinierte und irritierte er den Spießbürger, aber auch den Adel, sofern dieser in Gefahr stand, sich der materialistischen Versuchung des banalen Lebens zu überantworten. Sicher ist der Dandy blasiert und hochmütig. Er kultiviert sein Ich. Aber er hat einen triftigen Grund für seinen Personenkult. Dieser liegt nicht in der Eitelkeit als solcher, sondern darin, dass er sich durch schockierende Originalität gegen die heraufziehende Uniformierung und Trivialität des modernen Lebens abzusetzen gedrängt sieht. Epochenübergreifend wichtig und gesellschaftlich heilsam am Dandy und Flaneur ist nicht, dass er rückwärtsgewandt auf den Privilegien der traditionellen Elite besteht, sondern dass er seine Zeit und besonders die sich entfremdende Gesellschaft scharf beobachtet und sie – den Effekt genau kalkulierend – mit der provozierenden Maske der Ironie und Indifferenz diagnostiziert.

Sein herausfordernd inszenierter Lebensstil ist seine Waffe (Barbey II, S. 694 f.). Aber er ist kein Krieger und kein „homme d'action", sondern ein Ästhet, der die Gesellschaft auf andere, symbolträchtige Weise zu beeinflussen sucht und seine Zielgruppe mit seiner Lebensphilosophie verführt. Schwächlich ist er hingegen nicht.

Vom avantgardistisch-exzentrischen Revolutionär unterscheidet er sich dadurch, dass er die gesellschaftlichen Normen auf den ersten Blick nicht abzulehnen scheint und gewaltsam „umwälzen" will, sondern sie in spielerischer Weise auf die Spitze treibend aushebelt. Mit subtilen ästhetischen Mitteln, einem komplexen Zeichensystem, einem ausgefeilten Zusammenspiel von Kleidung, Gesten, Sprachwitz, Objekten und Räumen, gibt er einer Lebensphilosophie Ausdruck, zu der er seine Zielgruppe weniger durch Argumente als durch „lebendige Bilder" verleiten will. Solche Überlegungen zur sozialen Rolle des Dandys klingen wie vorweggenommene Selbstbeschreibungen des gesellschaftskritischen Künstlers im 20. Jahrhundert.

Zurück in England: Oscar Wilde, der Dandy der bürgerlichen Gesellschaft   **3**

Ende des 19. Jahrhundert hat *Oscar Wilde* (1854–1900) diesen Typus des bürgerlichen Dandy-Ästheten exemplarisch in Szene gesetzt. In seiner Person und in seinen Schriften als Dramatiker, Lyriker und Erzähler versuchte er, die verschiedenen Charakteristika des Dandys – Balzacs Eleganz, Baudelaires Blasiertheit, Brummells Ironie und Barbeys Verführungskunst – zusammenzubinden und an die heraufziehende Massengesellschaft anzupassen.

Wilde wurde in Dublin als Sohn eines Arztes und einer Dichterin geboren, ging zum Studium nach Oxford, lebte ab 1879 als bekannter Exzentriker und Dandy in London und wurde bald der Führer der ästhetischen Bewegung in ganz England. Die offen zur Schau getragene Liebesbeziehung zum jungen Lord Alfred Douglas und die Vernachlässigung seiner eigenen Familie brachte ihm die gesellschaftliche Ächtung ein, gegen die er sich mit einer Verleumdungsklage gegen Douglas' einflussreichen Vater wehrte. Dieser setzte seinerseits eine Klage wegen sexueller Perversität durch, die Wilde 1895 eine zweijährige Zuchthausstrafe einbrachte und ihn gesellschaftlich wie finanziell ruinierte. Nach seiner Entlassung 1897 zog er aus England fort, lebte mit finanzieller Unterstützung seiner Freunde unter einem Decknamen in Frankreich, starb aber innerlich gebrochen schon bald (1900).

Sein Dandytum hat eine biographische Dramatik, die derjenigen Brummells nicht unähnlich ist. Allerdings ist Wilde in der weitgehend bürgerlich gewordenen Welt Englands zu Hause, gegen die er seinen antibürgerlichen und bewusst provozierenden, amoralischen Schönheitskult setzt. Im Vorwort zu seinem Roman „The Picture of Dorian Gray" formulierte er seine ästhetische Weltsicht. Danach ist der Künstler-Dandy bzw. Dandy-Ästhet der Schöpfer schöner Dinge, hinter denen er sich verbirgt und zugleich offenbart. Wer als Künstler und Schriftsteller anderes als Schönheit im Sinn hat und sich vorgeblich in den Dienst moralischer Überzeugungen stellt, ist korrupt. Denn es gibt weder moralische noch unmoralische Bücher.

R. Hettlage, *Der Dandy und seine Verwandten*, essentials,
DOI 10.1007/978-3-658-06143-2_3, © Springer Fachmedien Wiesbaden 2014

> Books are well written or badly written. That is all. … the morality of art consists in the perfect use of an imperfect medium. No artist desires to prove anything. … No artist has ethical sympathies. … Vice and virtue are to the artist materials for an art. … All art is at once surface and symbol. Those who go beneath the surface do so at their peril. …It is the spectator, and not life, that art really mirrors. … When critics disagree the artist is in accord with himself. (Wilde, S. V ff.)

Hierin ist er sich mit *Théophile Gauthiers* „l'art pour l'art" und der ästhetizistischen Weltsicht des (post-)modernen „*Camp*" (Sontag 1968) einig. Seine größten Erfolge hatte Oscar Wilde mit seinen Gesellschaftskomödien, in denen er die viktorianischen Konventionen, die arrivierte Mittelschicht und die Verklemmungen des Bürgertums insgesamt mit geschickten Zuspitzungen, witzigen Dialogen und verblüffender Sinnumkehr bekannter Redewendungen verspottete – und damit sein Publikum begeisterte. Seine geistreichen Inszenierungen selbst der verdrängten Perversionen und verbotenen Begierden sind nun nicht mehr gratis und auf die Salons beschränkt. Die britische Öffentlichkeit muss sie sich jetzt im Theater abholen und dafür auch noch Geld hinlegen. Wilde war bekannt dafür, grundsätzlich das Gegenteil von dem zu behaupten, was als gesellschaftlich anerkannt und „normal" galt. Er – und eine Generation später sein „Nachfolger" *Noel Coward* in seinen Romanen und Kabaretts – provozierten, wo sie nur konnten. Wilde missachtete die bürgerliche Moral, aber versteckte „seinen Unmut hinter der Maske der Frivolität" (Wilpert 1988, I, S. 1628). Sein Einfluss auf den Dadaismus etwa ist ebenso unbestreitbar wie Cowards Bedeutung für die Pop-Musik und Truman Capotes für das Theater. Hugo Ball war angetan davon, dass Oscar Wilde seinem Publikum auf witzig-ironische Weise klarmachen konnte, dass es immer ein Teil des Problems ist – wie wir alle!

Das kann auf Dauer nicht gutgehen. Die Lebensweise des Künstler-Dandys ist, wie Oscar Wilde selbst erfahren musste, nicht ohne Risiko der Anfeindung, ja der Tragik. Auch und gerade sein Dandy „Dorian Gray", das Bild eines narzisstischen Genussmenschen, der der kultischen Verehrung seines Selbst verfällt, ist zunächst gegen Langeweile und Melancholie und schließlich gegen die Verzweiflung nicht gewappnet. Denn wer sein (wahres) Gesicht im Spiegel erblickt und sich von seiner Lebenslüge befreit, findet das nur punktuell amüsant, aber dauerhaft ist er „not amused". „Wilde reißt die Tür zu einer überaus geschmückten Kammer auf, in der wir uns zu unserem Erstaunen alle schon befinden" (Garelick zit. nach Rossbach 2002, S. 20). Der anfängliche Spaß und die gönnerhafte Selbstironisierung schlagen schnell in Entsetzen und Wut um. Diese suchen ihr Opfer im Überbringer der schlechten Botschaft.

Dandyismus: Über England und Frankreich hinaus

4

Die Künstler-Dandys schreiben sich eine bedeutsame gesellschaftliche Funktion zu. Sie sehen sich – aller vorgeschobenen ästhetizistischen Amoralität eines Oscar Wilde zum Trotz – als herausgehobene intellektuelle und moralische Instanz. Das gilt auch wenn man die übliche zeitliche Begrenzung des Phänomens aufhebt, und wenn man den Blick auf andere Länder als England und Frankreich richtet.

4.1 Dandyismus im übrigen Europa

Es verwundert nicht, dass im 19. und frühen 20. Jahrhundert sich so viele Schriftsteller in der Rolle des Dandys wiederfanden. Gestützt auf Hörners keineswegs erschöpfende Hinweise (2008, S. 22 f.) kann man in Frankreich von 12, in England von 6 „kanonisierten Dandys" ausgehen. Nimmt man die von verschiedenen Autoren sporadisch als Dandy bezeichneten Schriftsteller hinzu, dann kommen in Frankreich noch einmal 13, in Großbritannien 10 hinzu. Die Gesamtzahl von 35 steht in einem eklatanten Gegensatz zu der immer wieder betonten hohen kulturellen Bedeutung des Phänomens insgesamt.

Von einiger Unsicherheit zeugt auch, dass man die offensichtlich geringere Verbreitung des Dandytums in Italien (Vittorio Alfieri), Spanien (Manuel Machado, Roberto de las Carreras, Julio Herrera y Reissig) und Deutschland nicht so recht erklären kann. Als Erklärung für Italien und Deutschland bietet Stauffer (2008) an, dass beide Länder erst spät (1861 und 1871) zu einer nationalen Einheit gelangt waren, von einer übergreifenden höfischen Kultur also keine Treibkraft ausgehen konnte. Die Fürstenhöfe waren zu klein und provinziell, um von ihnen Anstöße von „nationaler" Geltung erwarten zu können. Dagegen spricht allerdings die traditionelle Weltgeltung so kleiner Provinzen und Stadtstaaten wie Venedig, Toskana, Genua etc. Für Deutschland zentraler dürfte das Argument sein, dass die Einigung Deutschlands unter preußischer Führung ein militaristisch-maskulines Gepräge

R. Hettlage, *Der Dandy und seine Verwandten*, essentials,
DOI 10.1007/978-3-658-06143-2_4, © Springer Fachmedien Wiesbaden 2014

durchsetzte, das in weiten Teilen auch noch die Weimarer Republik beherrschte. Dieses erwies sich für den verfeinerten Stil eines Dandys als wenig aufnahmebereit. Dennoch gab es ihn. Neben dem genannten Fürst Pückler werden immer wieder der frühe *Gottfried Benn, Stefan George und sein Kreis, Rainer Maria Rilke, Ernst Jünger, Konrad Wiener, Carl Einstein, Alfred Schuler, Ludwig Klages, Thomas Mann, Graf Harry Kessler* u. a. genannt.

Der Tragweite und gesellschaftlichen Bedeutung des Dandys wird man zudem nicht gerecht, wenn man nur die Schriftsteller betrachtet. Würde man sich auf die Künstler im Allgemeinen beziehen, also die Maler, Bildhauer, Graphiker und (heute) die Designer berücksichtigen, dann ließe sich die Gesamtzahl von etwa 50 Schriftsteller-Dandys vermutlich leicht mehr als verdoppeln. Eine verlässliche Forschung dazu gibt es jedoch nicht. Das Problem ist, dass die Kriterien und Motivationen ihres Dandytums oft im Unklaren blieben, die Zurechnung zur Kategorie der Dandys also etwas willkürlich bleibt. Denn der elegante Ästhetizist allein, und sei er auch sonst ein noch so bekannter, exzentrischer Egomane, macht den Dandy noch nicht aus.

4.2   Der Dandy in der Antike

Auch erhebt sich die Frage, wie weit man in der europäischen Geschichte zurückgehen soll, um die Ursprünge des Dandyismus zu verorten. Denn für Europa gibt es Autoren, die das Phänomen „Dandy" schon in der Spätantike aufspüren. Ob Sallust dazu gehört, ist fraglich, ob Caesar einer war, ist noch zweifelhafter. Ein genuiner Dandy scheint jedoch der Schriftsteller, Satiriker („Satyricon", „Cena Trimalchionis") und zeitweilige römische Konsul *Petronius* gewesen zu sein, der als Freund des Kaisers Nero in Rom bald zum Maßstab aller Eleganz aufstieg. In den Augen seiner Zeitgenossen (Sueton, Cassius Dio) ging vom weltmännisch-eleganten Lebensstil des Petronius eine große Faszination auf den ganzen Kaiserhof und die römische Gesellschaft aus. Sie hatte wohl damit zu tun, dass sich der Hof auf diese Weise von Kaiser Neros vulgärer Überspanntheit in Sachen Kleidungs- und Lebensstil innerlich und äußerlich distanzieren konnte. Gegen die Haltlosigkeit Neros setzten viele als Vorbild die elegante, aber auf das rechte Maß bedachte Lebens- und Erscheinungsweise des Petronius – seines ganzen Hauses, seiner Frau, seiner Kleidung und seiner Tischsitten. Petronius war nicht nur das Gegenbild des Kaisers in Sachen äußerer Lebensführung, sondern verkörperte durch seine zur Schau gestellte Muße auch eine Alternative zum römischen, auf politische Karriere, Prestige und Ehre abgestützten „aktivistischen" Wertekanon. Vor allem die ausgesuchte Überschreitung geltender (kaiserlicher) Verhaltensnormen beinhaltete ein beträchtliches Maß an Gesellschaftskritik, ohne dass es direkt ruchbar wurde. Über Petronius' Verbindung von Eleganz und Wagemut, ja seine Indifferenz gegenüber jeglicher Gefahr schreiben übereinstimmend Tacitus, Plinius der Ältere und Plutarch (Whittaker 2004, S. 19). Wie zu erwarten war, zog Petronius den Neid mancher Höflinge auf sich, die ihm eine Teilnahme an einer Verschwörung gegen Nero andichteten und ihn damit erfolgreich vom Kaiser entfremdeten. Einem wahrscheinlich gewordenen Todesurteil Neros kam Petronius durch seinen – im entspannten Stil des sokratischen Symposiums inszenierten – Freitod zuvor. Brummells Vita kann manche Ähnlichkeiten mit der des Petronius nicht verleugnen. Dieser wie jener wurde in seiner gewinnenden Leichtigkeit zugleich zur kalkulierten Herausforderung des Herrschers. Petronius' Tod vor allem war ein letzter Triumph seiner Überlegenheit über die schlechten Sitten des Hofes (vgl. Whittaker 2004, S. 22 ff.).

Obwohl selbst kein Vorkämpfer des eleganten Lebensstils, sondern der stoischen Askese, ist die Parallele zum Tod des Seneca (65 n. Chr.) augenfällig. Beide, Petronius und Seneca, hatten auf je verschiedenen Wegen – in ihrem Leben und in ihrem Tod – die moralische und politische Dekadenz ihrer Zeit im Blick. Petronius war – wie Jahrhunderte nach ihm Brummell – Vorbild für manche spätere Darstellung des Dandytums. So lässt Edward Bulwer Lytton in seinem Buch „The Last Days of Pompeii" (1834) einen gewissen Glaukos als Dandy auftreten, um an ihm die Dekadenz der spätantiken Kaiserzeit, aber auch des Regency im England seiner Zeit zu geißeln. Er ist dem Vorbild des Petronius angenähert und trägt auch auffällige Züge von George Brummell. Ähnliches gilt für Prosper Castaniers (1897) „L'orgie romaine" oder, in eingeschränktem Verständnis, auch für Huysmans „A Rebours" (1884).

Die wahren Dandys waren vollendet im Luxus (erudito luxu) und in Maßstäben des guten Geschmacks (arbiter elegantiae), was offenbar zusammengedacht wurde. Ihre demonstrative, gewinnende und leichte Weise, ein (bei Petronius nur scheinbar) unproduktives, müßiges Leben zu führen, wurde als unerlässlicher Hinweis auf die Bedeutsamkeit der *Idee des Schönen* gewertet; ihre geistreiche Arroganz und ihre enttäuschungssichere Situationsgewandtheit als ein lebendiger Beweis für die Wichtigkeit von Zivilcourage und Mut vor den Herrscherthronen begriffen (vgl. Carassus (1971, S. 19). In der Beschreibung dieser Qualitätsmerkmale waren sich später Charles Baudelaire, Francois René Chateaubriand („léger, insolent, conquérant") und Jean Lorrain („Monsieur de Bougrelon" [1897]) einig. Aber auch darin, dass die notorische Unangepasstheit zu einer Verkettung aus Spleen, Langeweile und Melancholie führen kann: „… peut-être le mal du siècle de tout dandy. Le masque n'est qu'une protection contre un malaise intérieur" (Barstad 2004, S. 175).

4.3 Außereuropäische Dandys

Dass das Dandytum über Europa hinausreicht, hat Tamagni (2009) in seinem Band „Gentlemen of Bacongo" dokumentiert. Er gibt Eindrücke über die Bewegung der „sapeurs" wieder. Ein „sapeur" ist ein Angehöriger von „la sape" (société des ambianceurs et des personnes élégantes), einer Vereinigung von meist jüngeren und mittellosen (!) schwarzafrikanischen Männern, die z. B. im Kongo (Brazzaville, Kinshasa) einem extravaganten Kleidungsstil huldigen. Dieser ist umso auffälliger, als er sich vom französischen Kleidungsstil inspirieren lässt. In den 50er Jahren war Ziel der Nachahmung das Auftreten der Existentialisten, heute wird auf hochelegante, „gestylte" „westliche" Anzüge Wert legt. Dies steht in einem starken Kontrast zu den verarmten Slums, aus denen die „sapeurs" meist stammen. Außerdem sind sie sehr religiös, gehorchen einem strengen Ethikkodex und vertreten das Ideal der Gewaltfreiheit. Offenbar ist dieser Kontrast im „Auftritt" nicht nur als ein Mittel der Selbstdarstellung und des Reputationsgewinns gedacht, sondern hat eine weitere Botschaft. Es ist die Strategie, für „Augenmenschen" (hier: für die Bewohner der Slums) nicht über den Intellekt, sondern über das Bild ein unmittelbar greifbares Zeichen für einen möglichen Wandel zu setzen. Sie sehen sich als Symbol, das der Bevölkerung mit Mitteln der Visualisierung einen Ausweg aus der depressiven Teufelsspirale von Armut, Perspektivlosigkeit, Desintegration und Gewalt sinnlich erfahrbar macht. Dass dies auf die eigene Haltung, sich aus der scheinbar aussichtslosen Lage befreien zu wollen, zurückwirkt, dürfte einleuchten; es ist ein aus Mimesis und Metanoia zusammengesetzter Akt der persönlichen Rebellion.

Die Ableger der „sapeurs" in Frankreich verstehen sich als Symbolträger der neuen gesellschaftlichen Integration. Ihre ironische Zuschaustellung von westlicher Eleganz gilt als spielerischer Ausdruck für die politische Haltung, dass sie im Paris der verarmten Vorstädte „als Franzosen" angekommen sind und nicht mehr in der unentschiedenen Zwischenposition der nicht-integrierten schwarzen oder arabischen Bevölkerungsschichten zu verharren gedenken.

Eine andere Variante des außereuropäischen Dandys hat Peng (2010) für China und Japan ans Licht gehoben. Sie geht den Spuren nach, die bestimmte, europäisch beeinflusste Dandy-Flaneure in den vor-maoistischen 1930er Jahren in Shanghai (und in Tokio) in der im Umbruch befindliche Lokalkultur hinterließen. Sie verstanden sich und ihren „urban exotism" – etwa gestützt auf den französischen Dandy-Schriftsteller und Reisenden *Paul Morand* (1888–1976) – als Mittler und Übersetzer, die die Brücke zwischen klassischen und modernen Institutionen, Traditionen, Konzepten und Lebensweisen zu schlagen versuchten. Die „Neo-Sensation"-Gruppe der Literaten um *Liu Naòu* (1905–1940) in Shanghai sowie *Kawabata* und *Yokomitsu* in Tokio etwa ließ sich nicht im Fluss des Wandels treiben, sondern sah sich ausdrücklich als kreativer Träger der kulturellen Vermittlung. Sie verstanden ihre Leistung als Bindeglieder zwischen Menschen und Praktiken verschiedener Kulturen und damit als bewusste Arbeit am gesellschaftlichen Umbauprozess. Deshalb versuchten sie fortwährend, die Grenzen der „gegebenen" Traditionen (der Sprache, der Bilder, der Verhaltensweisen) auszuloten und diese zu übersteigen. Hier tut sich ein weites Forschungsfeld auf.

Als Dandys versuchten sie sich von den reinen *Flaneuren* abzuheben. Denn ihr müßiggängerisches Eintauchen in die traurig stimmende „Menschenwüste" (Franz Hessel: „Lektüre der Straße") erschöpfte sich nicht im aufmerksamen Betrachten von zutiefst flüchtigen Ereignissen. Als reine Zuschauer hätten sie damit zufrieden sein können, ihre Augen offen zu halten, „um ein Warenlager von Erinnerungen aufzustapeln" (Foucault 1984, S. 40). Der *Dandy-Flaneur* hingegen sieht seinen peripathetischen Müßiggang als Labor, als „Arbeit" und Berufung, wie Baudelaire und, trotz mancher Unterschiede, Benjamin (1980, S. 10 ff.) meinen. Der Dandy sucht dabei nach einer anderen, höheren Qualität, nach etwas Bleibendem, Geistigem: dem Verstehen der Gegenwart bzw. der Modernität (vgl. 6.3).

Der weibliche Dandy (femme dandy, dandette) 5

Dem Wandel in der Modernität nachzuspüren, ihn zu illustrieren und nach Kräften zu fördern, war auch das Ziel der matriarchalischen (und feministischen) Bewegung, aus der der weibliche Dandy hervorging. Eigentlich sollte es diesen gar nicht geben, denn der Dandy war üblicherweise ein Mann. Genau das aber, das hinter diesem Faktum hervorbrechende Geschlechterstereotyp, kann selbst zum Anlass einer exzentrischen Revolte von Männern und Frauen werden.

Dieser Topos weist selbst weiter in die Vergangenheit zurück. Schon Stendhal hat in „Le Rouge et le Noir" (1830) mit seiner Figur der „Mathilde de la Mole" den Dandy nicht nur als Schöpfer seines Selbst, sondern sogar als Überschreiter der Grenze zwischen dem Männlichen und dem Weiblichen gesehen. Erste Anfänge finden wir bei den Frauen der Regency-Zeit, die berühmte Salons organisierten und damit gegen die Sitte zu Felde zogen, Frauen nach dem Essen aus dem Raum zu schicken, damit die Männer in Ruhe ihren angeblich „ernsten" Gesprächen nachgehen könnten.

In der Zeit um die Wende zum 20. Jahrhundert wurden in München-Schwabing mit Ausläufern in Wien, Paris, London und USA die theoretischen und praktischen Grundlagen für die „sexuelle Revolution" und die Freisetzung des „dionysischen" Potentials (Nietzsche) der Menschen gelegt. Mit einer Mischung aus Religionskritik, Romantik, Okkultismus, Antirationalismus und Zivilisationsmüdigkeit zielte die Bewegung in erster Linie auf die Befreiung der libidinösen Kräfte und erst in zweiter Linie auf die Opposition gegen die extreme Ausformung der patriarchalischen Familien- und Gesellschaftsstruktur sowie auf die Revision der herrschenden Rollenverteilung zwischen den Geschlechtern. Um neue Formen der Gemeinschaft zu erproben, müsse sich die erotische Bewegung der „polymorphen Konstitution" des Menschen (so der Psychoanalytiker Otto Gross) stellen. Erst so sei ein freies, individuelles Leben, ja eine neu-archaische, goldene Epoche möglich. Getragen wurde die Bewegung von „Außenseitern wie Schriftstellern, Artisten, Homosexuellen, ausgeflippten Komtessen, Professorentöchtern und identitätskranken Juden"

R. Hettlage, *Der Dandy und seine Verwandten*, essentials,
DOI 10.1007/978-3-658-06143-2_5, © Springer Fachmedien Wiesbaden 2014

(Sombart 1987, S. 32). Sie waren sich darin einig, damit den Schlüssel zur menschlichen Kommunikation, zur Freiheit und zum Glück gefunden zu haben:

> … weil der Mann noch nicht die Herrschaft an sich gerissen, den Privatbesitz noch nicht zur Basis seiner Macht, den Staat noch nicht zum Instrument der Unterdrückung, den Krieg noch nicht zur ‚regelmäßigen Verkehrsform' der Völker erhoben hatte – indem vielmehr die Frau, oder, um genauer zu sein, das weibliche Prinzip die Formen der Vergesellschaftung und des kulturellen Lebens bestimmte. (Sombart 1987, S. 32)

(Daran haben sich die spätere feministische Emanzipationsbewegung, der Existentialismus und die 68er-Revolte kräftig bedient).

Die Verkörperung dieser erotischen Revolution und des „ewig Weiblichen" war die Gräfin *Franziska zu Reventlow*, ein weiblicher Dandy, der ohne Rücksicht auf seine gesellschaftliche Reputation die Emanzipation als Mischung aus eleganter Dame, Intellektueller, Künstlerin und Prostituierter, Mutter und Geliebter vieler Männer vorlebte. Andere weibliche Dandys, die „existentiell" an dieser Befreiung arbeiteten, sind die Psychoanalytikerin Lou Andreas-Salomé, die Von-Richthofen-Schwestern Frieda und Else, die „Muse" Alma Mahler, Eleonora Duncan, die Modeschöpferin Coco Chanel, Anais Nin und später die Schriftstellerin Francoise Sagan, die Sängerin Juliette Greco u. a. Ihr Ziel war weniger die politische Aktion oder die Aufklärung als solche als das Vertrauen auf ihre persönliche Ausstrahlung, die von ihrer inneren Befreiung ausging.

Dafür muss der Geschlechter-Dualismus aufgebrochen werden. Entweder wird die männliche Ordnung durch weibliche Charakteristika revidiert und erneuert (Stauffer 2008, S. 98) oder das weibliche Prinzip (bzw. schließlich ein „polymorphes Drittes") wird für zentral erklärt. Die männlichen Dandys bevorzugten durch die Betonung der meist „weiblich" konnotierten Modebewusstheit den ersteren Weg und riskierten, als effeminiert und unmännlich wahrgenommen zu werden. „Cross-dressing" auf der Bühne war schon seit langem ein bekannter Topos. Die „Garçonne" galt als Spannung steigerndes Moment oder als billiger Schwank in der „commedia dell'arte" beinahe als unverzichtbar. Im realen Leben brauchte der Rollenwechsel hingegen seine Zeit, besonders dann, wenn das Spielerische mit Ernst versetzt war.

Manche Zeiten zeichnen sich dadurch aus, dass die Geschlechterbilder nicht derart festgelegt waren, dass das Tragen weiblicher Mode-Accessoires eine Identitätsproblematik und entsprechende Stigmatisierung hervorgerufen hätte. In der Ära des Sonnenkönigs zu Beginn des 18. Jahrhunderts etwa waren die Männer der höfischen Gesellschaft gepudert. Sie trugen hohe Absätze und „zeigten Bein", Unterkleider und Balletpose, ohne dass das als anstößig empfunden wurde. Ludwig

XIV. selbst ließ sich von Rigaud als Androgyn porträtieren (1701) als wollte er sagen: „la femme c'est moi" (Peng 2010, S. 5). Diese demonstrative *Transgression* ist der Grund, warum Peng ihn in die Ahnenreihe der frühen Dandys aufnehmen will (ebenda, S. 2 ff.). Denn die „nuancierte Ambiguität" ist für sie ein zentrales Element des Dandytums.

Später wurden die Zeiten wieder rigider und riefen nach einer eindeutigen „Gender"-Typik. Das machte die Geschlechterpolarität für den Dandy interessant, um den Versuch zu wagen, die strikt erscheinenden gesellschaftlichen Grenzen zu überschreiten. Der männliche Dandy drückte die Umkehrung der traditionellen Geschlechtscharakteristika durch effeminierte Eleganz aus – als Mann. Beim weiblichen Dandy war die Transgression komplizierter.

Auch die weiblichen Dandys waren – wie Franziska zu Reventlow – auf dem Gebiet der Mode überaus versiert (sogar z. T. beruflich wie die Modeschöpferin Coco Chanel) und eroberten sich und ihrem Publikum – im 19. Jahrhundert nur zaghaft in „Hosenrollen" verkleidet wie Théophile Gauthiers „Mademoiselle de Maupin" (1835) – im frühen 20. Jahrhundert die männlichen Freiheiten und Ausdrucksformen. Chanel gilt Moran zufolge (1976, S. 8) als „Würgeengel des aufwendigen Salon-Stils des 19. Jahrhunderts". Sie „befreite den Körper" und die Frisur. Die Schriftstellerin Francoise Sagan („Bonjour tristesse") und die Chansonsängerin Juliette Greco experimentierten in der Zeit nach dem 2. Weltkrieg erfolgreich mit der „existentialistisch"-verruchten, schwarzen „Gegenmode". Dem vorgegebenen „Mann-Frau-Schema" wollten sie sich jedoch alle entziehen. Jedenfalls spielten sie mit der ironischen Geschlechterverwirrung (Feldman 1993, S. 6) und steigerten dadurch ihre Rätselhaftigkeit und Attraktivität. Das konstante Spiel mit den Topoi der großen Mutter, der „femme fragile", der „femme fatale", dem Geschlechterwechsel und der Androgynie (als drittem Geschlecht) erfolgte nicht ohne die Absicht, die gängige Auffassung von der Frau als „naturnahem" und passivem Wesen zu ironisieren und dadurch auszuhebeln. Ironie lebt von der Spannung der Paradoxie, wenn nicht von der Übersteigerung und dem Bruch.

Davon zeugen das Leben und die Romane der Reventlow. Mit ihren „Liebesbrevieren" will sie den Teufelskreis von Beherrschung und Unterwerfung durchbrechen (Stauffer 2008, S. 150). Sie hat keine Lust auf den (gesellschaftlichen) „Zirkus", der von ihr verlangt, „durch den Reifen zu springen", sondern erprobt das Unvorhergesehene. Männer als „elegante Begleitdoggen" sind ihr zu langweilig und Frauen als reine „Gattungswesen" zu banal. Überdies behindere ein geregeltes Arbeiten nur das Leben. „Beruf ist etwas, woran man stirbt" (Reventlow 1912, S. 89). Aber die Lebensweise als Dandy braucht viel Geld. Das freie Dasein muss nun mal finanziert werden: durch Schreiben, durch Liebhaber, durch Freundinnen, durch Schnorrerei … und, wenn es denn sein muss, durch Prostitution. „L'art pour l'art ist sicher schöner, erfreulicher, aber unrentabel" (ebenda, S. 68). Reine Geldgier wäre hingegen zu vulgär; „…un crédit indéfini pourrait lui suffir" hört man mit blasiert überlegener Ironie Baudelaire (1975, S. 710) aus dem Off sagen.

Eine andere Version des Dandy-Stils bot die scharfzüngige Chanel. Sie war bekannt für ihre persönlichen erotischen Capricen (u. a. mit Igor Strawinsky), verachtete aber die undisziplinierten Frauen. Denn Freiheit und Arbeit wachsen ihr zufolge über das Medium Geld zusammen. Nur über Arbeitsdisziplin könne man sich die gewünschten Freiheiten kaufen, ohne in neue Abhängigkeiten zu fallen. In diesem „bürgerlichen" Realismus ist sie eine große Ausnahme.

Der Habitus des Dandy 6

Nach den Exkursen über die verschiedenen Spielarten des Dandyismus ist es höchste Zeit, sich über eine Realdefinition des Dandys zu verständigen. Denn die beträchtliche Unsicherheit, wann und wo das Phänomen zuerst aufgetreten ist und welche Exponenten und Gruppierungen dem Dandyismus zuzurechnen sind, hängt damit zusammen, dass die Kriterien seiner Bestimmung recht diffus geblieben sind. Das muss nicht so sein, denn bei genauer Durchsicht der Literatur ergibt sich doch ein typisches Denk-, Gefühls- und Handlungsmuster, das sich in vier Aspekten niederschlägt: der Distinktion, der Transgression, dem Charisma und der Melancholie.

6.1 Vergnügliche Distinktion: Inszenierung und Genuss

Fast alle Autoren stimmen darin überein, dass Dandytum viel mit gepflegtem Müßiggang und Mode zu tun hat. Dandys sind keine „Helden der Arbeit", denn um zu „wirken", brauchen sie viel Zeit. Sie müssen ihr Publikum finden, um es zu unterhalten und somit zu beeinflussen. Wenn sie einer regelmäßigen Arbeit nachgegangen sind, dann haben sie sich jedenfalls viel Zeit genommen, um ihre zweite, die öffentliche Seite als Flaneur zu pflegen. Das nötige Geld hatte man einfach oder man tat wenigstens so (Brummell). Im Wesentlichen kam es darauf an, dass man seine Unabhängigkeit von der Arbeitswelt dokumentierte. Denn das Reich der „geistlosen" Gütervermehrung galt doch als der Nährboden für alles, was dem Menschen als Verkrümmung, Versklavung und „Fellachentum" (Max Weber) widerfahren konnte.

Dem stand das „Reich der Freiheit" und Schönheit gegenüber, wenigstens als Ideal. Das ist ein alter Topos der europäischen und außereuropäischen Kultur- und Sozialgeschichte, in der die Unterscheidung zwischen dem aktiven Leben des Menschen in der Welt und der davon abgehobenen Lebensführung einer „vita contem-

R. Hettlage, *Der Dandy und seine Verwandten*, essentials,
DOI 10.1007/978-3-658-06143-2_6, © Springer Fachmedien Wiesbaden 2014

plativa" immer lebendig war. Schon in der griechischen Antike konnte man sich die wahre Freiheit nur als Gegenwelt vorstellen. Denn der freie Bürger, der ernsthaft der Philosophie, der Schönheit und der „denkenden" Ordnung des Staatswesens frönte, musste – dem Ideal der Unabhängigkeit folgend – ein Müßiggänger, ein Rentenbezieher und vermögender Privatier sein. Nur der vom Arbeitszwang Freie ist souverän. Müßiggang (otium) hatte deswegen nicht die negative Konnotation, wie sie erst in der Industriekultur (neg-otium) ausgeprägt wurde. Muße ist aller Weisheit Anfang. Der rastlos Tätige ist davon weit entfernt. „Denn wer von seinem Tage nicht zwei Drittel für sich hat, ist ein Sklave; er sei übrigens, wer er wolle: Staatsmann, Kaufmann, Beamter, Gelehrter" (Nietzsche 1968, S. 173).

Das müßige Leben der Dandys dient dazu, seine kontemplative Lebensführung theatralisch zur Geltung zu bringen. Diese bedient sich des Stilelements der ausgesuchten Eleganz. Daher die Vorliebe für die Kleider-, Schuh- und Haarmode, mit der sich die Dandys gegenüber ihren Zeitgenossen in auffälliger Weise absetzten. Die Richtung ist nicht unbedingt vorgegeben, denn die meisten Dandys setzen sich zwar „nach oben" ab und betonen auf diese Weise ihre Einzigartigkeit. Es gibt aber auch einige Dandys, die gerade deswegen den Weg „nach unten" durch Unterbietung der gängigen Standards des Schönen, Gefälligen oder Normalen beschreiten („Gegenmode"). Auch so kann man sich absetzen. Unerlässlich ist jedenfalls die Qualität der Darstellung, ja die „narrative Gewalt", die von ihr ausgeht (Rossbach 2002, S. 186 ff.).

Im Gegensatz zum „Kriegertypus" des umstürzlerischen Revolutionärs ist der Dandy („dandy-narrateur") ein „Verführertypus", der alles daransetzt, um die Gesellschaft „zu erstaunen, zu irritieren und zu faszinieren"(ebenda, S. 192, 196) – und zu unterminieren. Seine „Waffen" sind die Momente der Spannungserzeugung:

- die Augenfälligkeit des „outfit",
- der Schock des ironisch-treffenden Wortes,
- die Kunst, Sensation und Skandal zu erzeugen, und
- die Maskierung des eigenen Selbst durch Rätselhaftigkeit und (möglicherweise) gespielte Unerschütterlichkeit (coolness).

Wichtig ist dabei jeweils, dass die stilisierte Erscheinung einen hohen Demonstrations-, Narrations- und Distinktionswert hat. Denn Distinktion ist das, was in der Gesellschaft sozialen Rang garantiert, besonders dann, wenn, wie in der modernen Gesellschaft, die Zuschreibung von Attributen an die Stelle von erworbenen Privilegien, Positionen und Rechten getreten ist. Soziale Geltung muss dann beinahe ausschließlich durch eine *personalistische Aura und Liturgie* hergestellt werden. Denn der Dandy hat nichts, wodurch er Wirkung erzielen kann, als seine eigene

Persönlichkeit und sein Auftreten. Sein Stilmittel ist (meist) die Eleganz, aber auch der Witz und die Unverfrorenheit. Jules Barbey zufolge war George Brummell als Prototyp des Dandy ein „Genie der Ironie", die ihn zugleich zum größten „mystificateur" machte, den England je hervorgebracht hatte (1927, S. 225; vgl. Stauffacher; ähnlich Erbe 2002, S. 214; Gnüg 1988, S. 275).

Je kultivierter das Auftreten und je anspruchsvoller der Geschmack, desto einzigartiger ist nicht nur der Genuss, sondern auch der Rang als echter Kenner. Dieser wird ein Muss für alle diejenigen, die sich ihn leisten können, und „ein Schlüssel für die Anderen, die daran ihren Blick, ihren Geschmack bilden und dann am geringsten Objekt – einem Schal, Rock, Schuh, irgendein Kleidungsstück – erkennen können, ob es schön ist" (Bourdieu 1984, S. 437 f.). Von höchstem Distinktionsvermögen ist das, „was am besten auf die Qualität … des Besitzers schließen lässt, weil seine Aneignung Zeit und persönliche Fähigkeiten voraussetzt, da es … nur durch anhaltende Investition von Zeit …erworben werden kann und daher als sicherstes Zeugnis für die innere Qualität der Person erscheint" (ebenda, S. 440). Die Neigung zur Begeisterung für die Einzigartigkeit der Person des Dandys ist großteils in dieser Liturgie verankert. Stilisierung durch extravagante Mode, Körperkult, erotische Verführungskunst oder Inszenierung der Eleganz à la Brummell weisen auf dieses zeitaufwändige, luxuriöse und spielerische Moment jenseits des Arbeitslebens hin. Kein Wunder, dass mit der Existenz des Dandys das Ritual des Müßiggangs und der Mut zur „Exposition" verbunden werden.

Stilsicherheit und Selbststilisierung gehören zusammen, so wie Exzentrizität und narzisstischer Selbstgenuss nicht weit entfernt sind. Vom Vergnügen, auf andere zu wirken, sie zur Gefolgschaft zu zwingen, ganz zu schweigen. Allerdings sind die Stilelemente durchaus austauschbar, je nachdem welche intellektuellen, moralischen oder ästhetischen Werte darin verkörpert sind, die Begeisterung und Nachahmung auslösen. Die Wirksamkeit des Wertekatalogs ist von der jeweiligen sozialen Situation abhängig. Deswegen steht und fällt der Dandy nicht mit dem überbordenden Luxus als solchem. Er kann Distinktion im Prinzip auch über die Gegenmode der Schlichtheit erfolgreich symbolisieren, sofern er sein Zeichensystem beim Publikum verankern kann. Kleidermode, Tischsitten und Kunstgeschmack jedenfalls waren in der Geschichte der Dandys und sind bis heute höchst geeignete Vehikel, um Distinktion und Nachahmung bei breiteren Schichten zu erzeugen. Intellektuelle und sportliche Exzellenz versperren sich der Nachahmung eher, da sie nur schwer „auf fremde Rechnung" erworben werden können. Das heißt nicht, dass die *Stars und Diven* aller Art mit ihrem kulturellen Kapital heute nicht für andere Produkte werben können.

6.2 Dauerhafte und vergebliche Arbeit am Charisma

Zweifellos ist der Dandy ein charismatischer Charakter, der mit Hilfe seiner strategisch eingesetzten „Außeralltäglichkeit" seine Gefolgschaft und ein weiteres Publikum beeinflussen will. Das verweist uns auf Max Webers typologische Herrschaftstriade: Danach legitimiert sich der traditionale Herrscher durch den Glauben als das von je her Geltende, während rational-legale Herrschaft durch den Glauben der Gefolgschaft an die Rechtmäßigkeit der Verfahren abgesichert ist. Der charismatische Führer hingegen findet Zustimmung und „Hingabe" wegen des unterstellten Vorbildcharakters, der Heldenhaftigkeit oder der geglaubten Heiligkeit seiner Person. Man folgt ihm kraft seines Charismas. Es ist aufschlussreich für unser Thema, dass Weber dabei auf die altgermanischen Könige, die chinesischen Kaiser, die taoistischen Mystiker, die jüdischen Propheten – und auf den Stefan George-Kreis verweist (Weber 1976, S. 142).

Auch der Dandy ist ein solcher „außergewöhnlich" Begabter oder als einzigartig Stilisierter, der seinen Führungsanspruch aber allein aus der Bewährung seiner Qualitäten ableitet. Er kann auf eine als äußere oder innere Notlage empfundene Situation so antworten, dass er „die Masse" in einen Zustand der Hoffnung, Begeisterung und Erregung versetzt und sie die Lösung der Probleme seiner persönlichen „Gnadengabe" zuzuschreiben gewillt ist. Auch wenn Charisma nicht wirklich gelernt werden kann, so muss es doch geweckt und in Gang gehalten werden. Denn es bedarf einer permanenten „Arbeit" an der entsprechenden Wahrnehmung seitens der möglichen oder schon bestehenden Gefolgschaft. Sein Anspruch und Einfluss als Dandy gilt nämlich nur so lange, als es ihm gelingt, mittels Taten, Worten und Ereignissen, Anerkennung bei einer weiteren Öffentlichkeit zu finden.

Damit deutet sich eine *„konstitutive Labilität"* (Weber 1976, S. 661) seiner Herrschaft an. Jeder Charisma-Träger „verliert seinen Anspruch wieder, sobald die Herrschaftsunterworfenen nicht mehr an die außeralltäglichen Fähigkeiten des Herrschers glauben" (Käsler 1977, S. 161). Seine Wirkung bedarf also einer gewissen Selbst-Disziplin, auch wenn er sich gerade gegen die Zurichtung des Menschen durch die disziplinierte Arbeitsgesellschaft richtet. Mischungen sind möglich (siehe Coco Chanel). Auch stößt sich, wie wir sahen, die Außergewöhnlichkeit des Dandys an den wirtschaftlichen Zwängen, denn rein charismatische Autorität beruht gerade auf einem emotionalen Befreiungsakt gegenüber der organisierten „Rechenhaftigkeit"; sie ist insofern „wirtschaftsfremd". Erfahrungsgemäß kann die auf „alltägliches", regelmäßiges Einkommen angewiesene Öffentlichkeit dem Dandy auf Dauer nicht folgen, es sei denn, es handelt sich dabei um die „leisure class" (Veblen).

Spannungsvoll ist die „Arbeit" des Charismatikers auch in einer anderen Hinsicht. Da er als Einzelkämpfer oder mit einer kleinen Gruppe von „Jüngern" auftritt, stellt sich bald für alle die Frage, ob der strukturlose Zustand den Bedürfnissen der Gruppe und der Masse gerecht werden kann, nämlich für eine geregelte Dauerleistung des Charismas zu sorgen. Die „mäzenatische" Bedarfsdeckung (Schenkung, Bettelei, Beutemachen) kann das „charismatische Wirtschaften" nicht in befriedigender Weise sicherstellen. So wird es entweder abrupt zusammenbrechen oder längerfristig einen dem Versachlichungsprozess bzw. dem kontinuierlichen fachmännischen Betrieb geschuldeten „Erstickungstod" durch „Veralltäglichung" erleiden (Weber 1976, S. 669, 671 ff.).

Der rationale „Betrieb" in Wirtschaft, Politik und Verwaltung ist das „Schicksal" und zugleich das Ende des Charismas. Das heißt aber nicht, dass es nicht immer wieder Gelegenheiten zum Aufflackern des Dandy-Heldentums gibt. Eine gewisse resignative Note ist, für den Akteur selbst, daraus aber nicht wegzudenken. Vermutlich ist ein Teil seiner (selbst-)ironischen Haltung auf die punktuell aufscheinende Selbsterkenntnis zurückzuführen, den „Apparat" und die Institution allein und mit den verfügbaren „narrativen" Mitteln weder umstürzen noch ersetzen zu können: „le calme même du dandysme est la pose d'un ésprit qui doit avoir fait le tour de beaucoup d'idées et qui est trop dégoûté pour s'animer" (Barbey II, 1927, S. 309; Stauffacher 2008, S. 163).

6.3 Subtile Revolte und Missvergnügen

Im Unterschied zum reinen Selbstdarsteller, dem heutigen *Medienstar*, dem Modezaren, dem verführerischen Sexidol und dem erotomanen *Playboy* oder Gigolo etwa, beschränkt sich der „Auftritt" des Dandys nicht auf die narzisstische Überhöhung des eigenen Ego (und die Camouflage von hinter dem Star sich verbergenden Brancheninteressen). Der wahre Dandy aller Zeiten will mit seiner ästhetischen „Selbstverkunstung" (Barthels 1999) mehr. Er setzt seine Aura gezielt ein, um die bestehende Gesellschaft seiner Zeit herauszufordern. Wie schon Stendhal wusste (1830, 1989, S. 439), ist er ein subversiver Grenzüberschreiter, sei es in Sachen der „gender performance", sei es im gezielten Bruch anderer gesellschaftlich scheinbar gesicherter Verhaltensnormen. Brummell hatte sich die Regeln der englischen High Society vorgenommen. Es gelang ihm während seiner kurzen „Herrschaft", diese Normen subtil zu unterlaufen, ohne sie eigentlich aufzuheben.

Daran wird ein weiteres Merkmal aller Dandys deutlich. Es ist die „subtile Revolte" (Rossbach 2002, S. 196) gegen die herrschenden Definitionen des Normalen, Wohlanständigen, Vernünftigen, unabweisbar Richtigen, Realistischen, kurz: des alltäglichen, fraglos hingenommenen Standard-Diskurses. Brummell nahm hierbei die Regency-Zeit und „den Salon" aufs Korn, die französischen Schriftsteller-Dandys die aufkommende bürgerliche Gesellschaft. Spätere Dandys zielen auf die Philister der Moral (Oscar Wilde), auf die Usurpatoren des „guten Geschmacks", auf die Dumpfheit „der Masse", auf den Kult der Arbeit oder auf die institutionalisierte Sensationsgier (der heutigen Mediengesellschaft). Sie spielten mit den „vorgegebenen" Regeln, ohne sie ganz beiseite zu schieben. Jedenfalls gelang es ihnen punktuell, die Vorderbühne der gesicherten sozialen Rollenübernahmen zu verlassen, um dem amüsierten oder schockierten Publikum einen Blick auf die Hinterbühne der dabei verursachten, aber verdeckten „Leiden an der Gesellschaft" zu gönnen. Die Dandys unterzogen sich dem Geltungsanspruch des gesellschaftlichen Regelwerks, rächten sich aber gleichzeitig an ihm, indem sie ihm den nötigen Ernst verweigerten und damit mögliche Alternativen aufblitzen ließen. Die doppelgesichtige, szenische Darstellung von Anpassung und skandalträchtiger Auflehnung war es, die ihnen eine hohe allgemeine Kulturbedeutung, zuweilen auch eine große Macht über das Gesellschaftsleben ihrer jeweiligen Zeit eingetragen hat. Sie wurden zu Hoffnungsträgern für eigene kleine Fluchten und Ausbrüche ihrer Gefolgschaft aus dem „stahlharten Gehäuse", vornehmlich der Moderne.

Der Künstler-Dandy als Teil der *Avantgarde* ist deswegen auch nicht der reine Flaneur, den noch Walter Benjamin aus marxistischer Perspektive geißelte. Denn als solcher tritt er zwar wie ein detektivischer Beobachter auf den gesellschaftlichen Märkten auf. Es bleibe ihm aber verhüllt, dass er selbst mit seinen Hervorbringungen nur Käufer suche, also dem Zauber und dem Rausch der Ware unterliege. Er würde als „beobachtender Teilnehmer" zum Symptom oder: wie die Hure selbst zur Ware. Das liegt, so Benjamin, daran, dass er sich auf illusionäre Weise in einer prekären gesellschaftlichen Zwischenlage einzurichten versucht und dabei unversehens von den Kräften der alten Gesellschaft überwältigt wird. Anders wäre es, wenn er – wie der Bohème oder die Intelligentsia – sich zwar noch als abhängig von den „patrons" erfahren, aber entschieden auf die Seite der geschichtlichen Kräfte schlagen würde, die die alte Gesellschaft umstürzen wollen. Das genau ist der Unterschied zwischen oberflächlicher Revolte und tiefgreifender Revolution.

Michel Foucault (1983, S. 1381 ff.) pflichtet dieser Auffassung nicht bei. Für ihn ist der Dandyismus vielmehr die Quintessenz von Modernität, sofern man darunter weder eine Epoche noch das Bewusstsein von diskontinuierlicher Entwicklung versteht. Dabei stützt er sich ausdrücklich auf Baudelaires (1863, 1961, S. 710) Vorstellung, der Dandy-Flaneur sei ein eleganter Müßiggänger, der sich in stoischer Überlegenheit außerhalb der Gesetze stelle, um desto strikter den eigenen Gesetzen von Eleganz, Perfektion und Originalität gehorchen zu können. Ein Schuss Askese ist ihm bei dieser Selbst-Erfindung nicht fremd. Dem Habitus nach ist der Dandy nicht Teil der Menge, sondern bewusster Akteur, der das Schwergewicht seines Zeitalters als transkultureller „Modernisierer" übersteigt und somit auf neue Freiheitsräume verweist. Sich ständig wie eine Kippfigur an der Grenze zwischen innen und außen zu bewegen, die Grenzen unentwegt auszuloten und den Status quo zu überwinden, ist sein Ethos. Sein *Grenzverhalten* äußert sich darin, dass er die gegebene Wirklichkeit zwar ernst nimmt, denn sie ist sein Material, dass er sie aber nicht unbedingt festhalten, bewahren und verlängern will. Vielmehr will er die institutionelle Ordnung „durchdringen", also wenigstens fiktiv und durch Imagination hinter sich lassen. Das ist die Praxis jeglicher Wahrheit und Freiheit. Dabei konzentriert der Dandy sich auf drei Aufgaben: die Ironisierung der Gegenwart, die Arbeit an sich selbst und die spielerische Transformation der Wirklichkeit (ebenda 1983, S. 1387, 1393).

6.4 Unbehagen, Trauer, Melancholie und Missvergnügen

Diese Denk- und Gefühlshaltung ist in ihrer Gesamtheit nicht immer eine vergnügliche. Sie hat auch ihren Preis. Wohl wird die Provokation als solche Spaß bereiten, sie ist aber auch mit Verachtung und Traurigkeit verbunden. Denn die Revolte richtet sich gegen die Stil- und Mutlosigkeit der Menge, die sich aus ihrem angstvollen Sicherheitsstreben nicht befreien will, sondern lieber den hohen Preis der Perspektivlosigkeit und Banalität des Lebens zu bezahlen bereit ist. Der Provokateur mag bewundert werden, aber der Effekt auf sein Publikum ist zeitlich und in der Tiefenwirkung begrenzt. Die angestrengte Selbststilisierung gewinnt das Publikum nicht auf Dauer. Sie führt nur zur Affektüberlastung (Gehlen).

Die Maske der „coolness" kann nicht darüber hinwegtäuschen, dass die Menge dem Dandy nicht treu ist. Sie verlässt ihn, wenn der Unterhaltungswert seines frivolen „Spiels" verflacht, und sucht nach neuen modischen Unterhaltungen. Auch die Erlösungssehnsucht durch den Außeralltäglichen bemisst sich an dessen konkreten Leistungen („Bewährung"). Der Symbolwert des alternativen Lebens, so wichtig er aus einer gesellschaftsphilosophischen Perspektive auch ist, hat angesichts drängender Entscheidungszwänge des Lebens für die Mehrzahl der Beobachter nur begrenzte Überzeugungskraft. Darin liegt die unabänderlich „melancholische Verfassung der Zeit" (Heidbrink 1994, S. 212 f.) – und die des Dandys selbst (nicht nur des „décadent", wie Gnüg [1988, S. 284, 290] meint). Denn im Grunde kann er der Erfolgswahrscheinlichkeit seines subtilen Widerstands selbst nicht ganz trauen.

Überdies weiß oder ahnt die Menge, dass sie dem gemeinten Lebensernst hinter der ironischen Darstellung nicht folgen kann, denn das hieße im Allgemeinen, die Dramatik der eigenen Daseinsgewinnung bis zum Bersten zu übersteigern. Die

Lebensweise des Dandys führt dem Normalbürger diese Spannung sogar warnend vor Augen. Denn schon seinen demonstrativen Müßiggang, als ernstes Spiel mit Noblesse und Opulenz, kann er selbst meist nicht durchhalten. Wenn er nicht auf reiche Eltern oder einen Lottogewinn zurückgreifen kann, ist er auf Mäzene oder langmütige Gläubiger angewiesen – oder doch auf Arbeit wie fast jedermann. Selbst ein so „freier" Erfolgsschriftsteller wie Balzac war „ein Genie im Schuldenmachen und musste viel kostbare Zeit dafür opfern, vor irgendwelchen lästigen Gläubigern zu fliehen" (Schütt 2012, S. 28). Und Baudelaire musste sich für seinen Lebensunterhalt bei den damaligen Medien verdingen.

Die Nervosität und „betrübliche Nachdenklichkeit" (Reventlow), ja die inhärente Tragik des Dandys beruht darauf, dass er eine „untergehende Sonne" ist (Baudelaire 1861, 1975, S. 712). Er kann sein Leben nicht ausbalancieren, denn er lebt im Paradox der „konstitutiven Kurzlebigkeit" seiner Herrschaft über das Publikum. Er muss disparate, nicht verbindbare Lebenserfordernisse ausgleichen. Das macht ihn unglücklich. Auf der einen Seite steht sein charismatisches Einzelkämpfertum, auf der anderen Seite die schwergewichtige Alltagswirklichkeit der Vielen. Er will sich als singuläres Modell (oder als Institution) darstellen, kann es aber nur im Rahmen vorgegebener, institutioneller Formen tun. Im Affektüberschwang seines ästhetischen (Selbst –)Genusses muss er sich an der Notwendigkeit hochkontrollierter stoischer Selbstzucht reiben. Seine Überheblichkeit gegen die Normen der bürgerlichen Gesellschaft wird von der „kleinkarierten" Perspektive der Einkommenssicherung Lügen gestraft. Seine Ironie zerschellt in der Brandung „banaler" Erwerbshaltung.

Als Herausforderer der Traditionen, Konventionen und Sitten gelingt ihm der Umsturz der bestehenden Werte und Normen nicht. Das muss zur Frustration, zu Ermüdung und Langeweile (ennui), zur schlechten Laune, wenn nicht gar zum verbitterten Zynismus führen. Die unerfüllte Utopie der „ewigen Jugendlichkeit" birgt jedenfalls ein erhebliches Resignationspotential in sich. Deswegen ist er in einem gesteigerten Ausmaß jenes „melancholische Thier", von dem Nietzsche (1988, S. 571) mit Blick auf den „prometheischen" Menschen insgesamt sprach.

Damit kann nun auch die Frage beantwortet werden, ob der Dandy ein Produkt der höfischen Gesellschaft, der beginnenden Moderne und der Romantik ist, dessen Auftreten in der zur Blüte gekommenen Moderne oder gar in der reflexiven Moderne unwahrscheinlich oder gegenstandslos geworden ist. Es scheint so, als würde sich die industrielle Standardisierung der Originalität versperren. Apodiktisch formulierte Roland Barthes (1982, S. 308): „Die Konfektionsmode als Massenphänomen vernichtet den Dandy." Dieser Meinung scheinen auch Gnüg (1988, S. 317), Erbe (2009, S. 29 ff.) und mit Einschränkungen Stauffer (2009, S. 50 ff.) zuzuneigen. Hat sich das Potential des Dandys heute erschöpft?

Abgesang an den Dandy in der Postmoderne?

7

Die Beantwortung der Frage hängt entscheidend davon ab, welches Verständnis von Moderne als sozialer Lebensform ihr zugrunde liegt. Wenn Dandys in der modernen Gesellschaft eine Chance haben sollen, muss ihr Habitus, wenigstens als Gegenentwurf, auf diese Gesellschaft passen. Nun spricht einiges dafür, dass dieser Habitus vom genuin modernen Lebensstil derart vereinnahmt und generalisiert wurde, dass sich der Dandy durch den Bruch seiner Authentizität sozusagen selbst überholt hat. Es scheint deshalb so, als sei seine Figur nur noch in einer historisierenden Sicht auf das Fin de Siècle verständlich. Offenbar lässt sich der Dandyismus eines Beau Brummell und eines Fürsten Pückler-Muskau, der Ästhetizismus eines Oscar Wilde oder eines Stefan George, die Gender-Provokation einer Franziska zu Reventlow nicht wiederholen. Denn die Moderne hat deren Ansatzpunkte zertrümmert. Aber betrachten wir dies näher.

7.1 Das Zeitalter der (Post-)Moderne und des Individualismus

Es kann hier natürlich nicht darum gehen, die soziologische Debatte um die Moderne zu resümieren. Das wäre unmöglich. Vielmehr sollen nur einige, für unser Thema zentrale Aspekte (post-)moderner Gesellschaften zur Sprache kommen. Drei Elemente moderner Kultur stehen hier im Vordergrund

a. Individualisierung und Selbstästhetisierung

Im Gegensatz zu den klassischen Individualisierungskonzepten, die überwiegend sozialstrukturell argumentierten, hat die neuere Debatte sich auch der kulturellen Aspekte angenommen. Sie geht wie immer von der Verschiebung durch Massenproduktion und Massenkonsum („Multioptionsgesellschaft") aus, die auf kompli-

R. Hettlage, *Der Dandy und seine Verwandten*, essentials,
DOI 10.1007/978-3-658-06143-2_7, © Springer Fachmedien Wiesbaden 2014

zierten Wegen große Teile der Bevölkerung von traditionellen Wertbindungen, Arbeitsbiographien und Lebensstilen freisetzen. Dadurch ist es möglich (und auch zwangsläufig) geworden, Bedürfnisse, Entscheidungen und ganze Lebensläufe zu privatisieren. Angesichts der gleichzeitig anwachsenden Vereinnahmung durch den Verwaltungs- und Leistungsdruck wächst offensichtlich die Notwendigkeit für viele, sich selbst und die eigene Individualität in den Mittelpunkt zu stellen. „Das Ich wird zum Jäger des eigenen Ich" (Gross 1999, S. 79).

Die eigene Lebensführung wird Ausdruck von Persönlichkeit, die eigenen Wünsche werden für das Handeln immer wichtiger. Engagement wird selektiv, sofern es eben mit den eigenen Lebensentwürfen in Einklang zu bringen ist. Anhand von Texten der Pop-Musik wurde jüngst empirisch erhärtet, dass zwischen 1980 und 2007 die Wir-Komponente der Aussagen zu Gunsten der Ich-Thematik stark an Gewicht verloren hat (Krebs 2012, S. 44 f.). Die heftigen Debatten um die Entpolitisierung und um die sogenannten postmateriellen Werte (Freiheit, Selbstentfaltung, soziale Anerkennung) spiegeln diese Entwicklung wider. Neuerdings zeigt sich als interessanter Trend die Bereitschaft, nicht nur Biographien bekannter Persönlichkeiten zu lesen, sondern die eigene Lebensgeschichte attraktiv aufzubereiten. Das wäre früher als eitel, unbescheiden, schamlos gewertet worden.

In der Tat glaubt heute beinahe „jeder", seine Lebensgeschichte sei der öffentlichen Erinnerung wert. Schreibkurse, Agenturen für Autobiographien, Erzählcafés, Internet-Darstellungen, Museen für Lebensgeschichten stehen in Blüte. Peter von Matt führt diesen Boom darauf zurück, dass immer dann, wenn die „große Geschichte", also die Theorien, „großen Erzählungen", Wahrheiten, Überzeugungen, zusammenbrechen, ein neuer Pragmatismus aufkommt. Ausdruck dafür ist die fremde und eigene Biographie. Sie bleibt als das untrüglich Faktische übrig und erlebt einen Aufschwung (Kuhn 2012, S. 24). Das große wird durch das kleine „Narrativ" ersetzt. Desengagierte Blasiertheit (coolness) ist zum Charakteristikum der urbanisierten Lebensweise geworden (vgl. Georg Simmels „Die Großstädte und das Geistesleben" [1984]). Gesteigertes, verfeinertes und verallgemeinertes Identitäts-Management, so scheint es, entzieht den bewährten Techniken des Dandys tendenziell den Boden. Öffentliche Wirkung durch Eleganz und Provokation erzeugen zu können, stößt sich daran, dass sich alle dieser Strategie bedienen und sich schon daran gewöhnt haben.

Eine ähnliche Schattierung der Selbst-Technologie ergibt sich im Hinblick auf den Zusammenhang von Körper und Identität. Es sind nicht nur die Film-, Fernseh- und Musikstars, die omnipräsent sind und ihr Äußeres mediengerecht verkaufen. Der *Körperdiskurs* hat an sozialer Präsenz stark zugenommen, wie sich am Streben nach Jugendlichkeit, an der Bedeutsamkeit von Sport und Gesundheit, an körperbezogenen Sinnstiftungssystemen esoterischer und okkulter Art, aber auch an künstlich präparierten Körpern (Körperwelten, Cyborgs, Cyberbodies und realen Körperveränderungen) zeigt. Überall haben wir es mit einem stark angewachsenen Körperbewusstsein großer Menschengruppen zu tun (Fitness, Ferien- und Freizeitsport, Körperpflege, Tätowierung, Jogging, Body-Kult etc.). „Jeder" ist heute mit Leidenschaft dabei, seinen gesellschaftlichen „Auftritt" öffentlichkeitswirksam zu planen. Melanie Knijff (2006) spricht sogar von „Heilssuche" über den menschlichen Körper. Sie schreibt:

> Vollendung liegt nicht mehr in Gottes Hand, sondern zunehmend in der des Menschen. … Er definiert Vollendung und auch vollzieht er die Durchführung selbst. Das Ich ist wenig durch Geburt bestimmt, da sich die Schichtungsmodelle, die vornehmlich auf Herkunft gründen, immer mehr auflösen zugunsten von individualistisch orientierten Distinktionsmodellen. Selbstvollendung stellt den Menschen selbst in das Zentrum des Lebens. Vor allem der Körper dient als Medium für die Präsentation der Identität, da der Körper ein deutliches Zeichen – für alle Gesellschaftsmitglieder wahrnehmbar – darstellt (Knijff 2006, S. 29).

Die Darstellung des elegant geschmückten Körpers als besonderes Symbol für Rang und Einfluss ist kein Privileg einer bestimmten Schicht oder herausgehobener Lebensereignisse mehr. Massenkonfektion und Konsumexzess sind das Ende von Originalität. Sich hier nach „oben" abzuheben, ist zwar prinzipiell noch möglich, hat aber seinen demonstrativen Wert zur Steigerung einer dauerhaften Sonderstellung weitgehend eingebüßt.

b. Selbstreferentialität und Ironie

Die wachsende Pluralisierung der Lebensstile zersetzt die übergreifende gesellschaftliche Solidarität und verwandelt die Gesellschaft in „feinkörnige privatisierte Lebenswelten" (Beck 1983, S. 59). Postmodern oder „reflexiv modern" ist laut Beck unsere Epoche aber auch deshalb, weil sie ihren ursprünglichen Fortschrittsoptimismus verloren hat und sich zunehmend auf sich selbst und die von ihrer Lebensweise selbst geschaffenen Folgeprobleme (etwa die Ökologiefrage) rückbesinnen muss. Ihre gesellschaftlichen Teilsysteme sind seither überfrachtet mit Steuerungsfragen wirtschaftlicher, politischer und sozialer Art, die sich aus dieser Rückbindung ergeben.

Eine besondere Form der Selbstbezüglichkeit ist durch die neue Informatik- und Medienrevolution eingeleitet worden. Durch sie werden die realen Objekte in informationelle Zeichen verwandelt und aus ihrem raum-zeitlichen Zusammenhang herausgelöst. Dadurch werden die gewohnten Sinneswahrnehmungen aus dem Gleichgewicht gebracht. Die Entsprechung von Wirklichkeit und Zeichen wird aufgesprengt. Baudrillard (1978) nennt diese neue Realität die „Ordnung der Simulation". Die als originär erlebte Wirklichkeit wird beiseitegeschoben und durch eine „Hyperrealität" der medial inszenierten Welt ersetzt. Sie kommt ohne jeden Bezug auf „Reales" aus. Die Zeichen flottieren frei; sie beziehen sich nicht mehr auf ein eindeutig Bezeichnetes, sondern auf eine Sphäre, die von originären Bedeutungen befreit ist. Symbole lösen sich von gesellschaftlichen Bezügen und werden austauschbar. Zeichen korrespondieren tendenziell nur noch mit Zeichen (Bücher beziehen sich auf Bücher, Nachrichten auf Nachrichten, Verordnungen auf Verordnungen, Filme auf Filme, Reden auf Reden etc.). Es entsteht eine selbstbezügliche Ordnung von Zeichen, die durch nichts als durch sich selbst bestimmt wird.

Gegen diese „Agonie des Realen" und Authentischen helfen nur noch die Absetzbewegung ins Private oder Ironie und Spaß. In der Philosophie hat sich Rorty (1989) diese Auffassung zu Eigen gemacht. Wenn sich im erkennenden Bewusstsein oder in den Aussagen über Dinge kein Bezug mehr zu einer den Wahrheitsgehalt garantierenden Instanz finden kann, bleibt nur noch die postmoderne Relativierung von aller Erkenntnis – ganz ihrem Vokabular verhaftet und ohne kritische Instanz für Wirklichkeitsbezug. Erkennen ist peripher und ohne Wahrheitsanspruch. Es gibt nichts Echtes, Originäres, keinen festen Standpunkt. Der Umgang mit der modernen Gesellschaft erzwingt folglich eine neue Form der Distanzierung.

Man muss „so tun als ob": Es herrscht eine Art augenzwinkernder Ernst, die Maskerade, die Collage, das Zitat, die versuchsweise Gleichrangigkeit des Ungleichen, der Kult der Auflösung der Grenzen, die Vermischung von schön und hässlich, die in Aussageform gekleidete Verweigerung der Aussage. Es bleibt nur das ironische Spiel mit den Vokabularien, den pluralistischen Denkansätzen und der Verhaltensvielfalt (vgl. auch Eco 1988, S. 75).

Dieser „Ironismus" hat mittlerweile die Begrenzung auf Ästhetik und Philosophie weit hinter sich gelassen und ist zur Verhaltensmaxime breiter Bevölkerungsschichten geworden. Feste Überzeugungen und der von Max Weber geforderte Ernst der Wertentscheidungen sind im Schwinden begriffen. Vielmehr werden sie eingeklammert und „offen"gehalten, damit man seine Anschlussfähigkeit an die sich in hohem Tempo wandelnde öffentliche Meinung nicht verliert. Man weicht in die Welt der beliebigen Zeichen, der Verfremdungen und der „Mischkulanz" aus. Es ist sinnlos geworden, andere von etwas überzeugen zu wollen. Wahrheit fällt mit dem zusammen, was gerade gilt. Und da gibt es vieles, das nebeneinander gilt. Es bleibt nur das richtungslose, sozial verträgliche Mitschwimmen im Diskurs, so wie er von den Leitmedien vorgegeben wird. Wie sollte da die Originalität und Ironie des Dandys noch öffentliche Aufmerksamkeit erwecken? Wenn Zeichensetzungen als beliebig und plural eingeordnet werden, ist der Aufmerksamkeitswert für ein besonderes Zeichen, die Lebensweise des Dandys, jedenfalls sehr eingeschränkt. Sie ist nur eine unter vielen Möglichkeiten und verfällt daher der Beliebigkeit.

c. Temposteigerung und Entwertung

Individualisierung und Pluralisierung der Lebensstile führen zu immer weiterer Ausdifferenzierung und beschleunigen daher die Verfallszeit des jeweils Bestehenden. Dies wird durch die kulturelle und mediale Globalisierung wesentlich verstärkt. Je näher uns alles bisher Unbekannte und Fremde rückt, desto heterogener erscheint die Welt. Je mehr wir im permanenten Übergang leben, desto mehr muss einer über Exzesse und Übertreibungen versuchen, Aufmerksamkeit zu erringen, und desto mehr gerät alles zum Spektakel und zur kulturellen Mode. Kaum ist eine neue Leitfigur gewählt oder im Amt, wird auch schon an ihrer Destruktion gearbeitet.

Umberto Eco (1986, S. 172) spricht von einem *inflationären Zyklus* von Ignoranz – Information – Konsens – Mode – Widerwillen. Je tiefer der mediale Durchgriff in den Alltag hineinreicht und je weiter bestimmte Begriffe, Klischees, stereotype Argumente sich als derzeit „angesagtes" Wissen „nach unten" verbreiten, desto mehr müssen sie „umgegossen", korrigiert und revidiert werden. Das erzeugt neue, wiederum noch rascher wechselnde Moden. Das Problem ist nicht der Wandel, sondern der überaus rasche und sich beschleunigende Übergang. Denn er führt zu einer „immensen Bastelarbeit auf der Kippe zwischen Hoffnung, Nostalgie und Verzweiflung" (Eco 1986, S. 3). Kaum ist eine Kleider-, Sprach-, Essens- oder Kunstmode etabliert, wird schon die Axt an sie gelegt. Das jeweils Neuere gilt kraft seiner Neuigkeit als das Bessere, zumindest ist es der Feind des Etablierten. Also muss man immer nach dem Neuesten spähen. Im 18. Jahrhundert war die „Querelle des Anciens et des Modernes" auf den Bereich des Spezialistenwissens beschränkt, heute ist sie zum verallgemeinerten Lebensstil selbst geworden.

Walter Benjamin hat diese Tendenz zur Beschleunigung mit den modernen technischen Möglichkeiten verbunden, beliebig viele Kopien des ursprünglich einmaligen Kunstwerks anfertigen zu können. Durch Reproduzierbarkeit verlieren alle jene Objekte, deren Wert in der Unmittelbarkeit, Einmaligkeit, Echtheit und Originalität besteht, ihren spezifischen Charakter. Diesen nennt Benjamin die „Aura" (2007, S. 12, 17). Da Objekte in der Moderne und Postmoderne jederzeit und überall wahrgenommen werden können, verkümmern und verfallen sie paradoxerweise („*Zertrümmerung des Auratischen*"), obgleich sie gerade vervielfältigt werden. Wir leben deshalb in einer post-auratischen Welt. Das gilt nicht nur für die Kunstwerke, sondern auch für alle Objekte und Charakteristika der Exklusivität und Außerordentlichkeit. Epochen, die wie die (Post-)Moderne auf Massentauglichkeit, radikale Vervielfältigung (Vielfalt) und soziale Nivellierung aus sind, also wenig Chance zur Besonderheit bieten, verlieren auch ihre Aura.

Der heute übergewichtige *Starkult* ist wohl der Versuch, gegen Modeinflation und Kopie anzukämpfen und Elemente des Auratischen zu erneuern. Gleichzeitig unterliegt der Star dem gleichen Zyklus von Begeisterung, Nachahmung und Entwertung (Kermol et al. 1998). Jede Avantgarde, selbst der Exzess und der Kulturbruch werden dadurch banalisiert. Diese Akzelerierung zwingt im Grunde zu einer „nomadischen" Geisteshaltung, die kein endgültiges Engagement, keine Überzeugung, keine Ethik, keinen Geschmack, keine Sitte, kein gesichertes, stabiles Verhalten zulässt, sondern alles in allen Richtungen in Bewegung hält (*Trans-Avantgarde*) und zum potenzierten Spiel ohne Grenzen erklärt. Diese postmoderne Offenheit dürfte es dem Dandy schwer machen, sich mit seiner Eleganz, seiner Provokation und mit seiner Revolte Gehör zu verschaffen.

7.2 Der Dandy in der Postmoderne

Dennoch ist es nicht so, dass die postmoderne Welt für die Dandys gar keinen Platz mehr hätte. Nur sind ihre Strategien, sich in der neuen gesellschaftlichen Wirklichkeit Geltung zu verschaffen, andere und komplexere geworden. Denn sie müssen mit den postmodernen Zeitzeichen der ironischen Verfremdung ihrerseits wieder kreativ umgehen. Auf diese Meta-Ebene neuer dandyistischer Verhaltenselemente gibt es einige Hinweise:

a. Dandys in der Pop-Kultur

Dem ersten Anschein nach findet der Dandy in der Epoche der Pop-Kultur offenbar eine neue Plattform (vgl. Stauffer 2009, S. 45). Ausgangspunkt waren die Jugend- und Gegenkulturen der späten 60er Jahre, die sich zu einer wahrhaften Kulturrevolution in der westlichen Welt auswuchsen. Mit einer Mischung von Ernst und Spiel setzten sie sich für den Umbau der Gesellschaften, besonders der kapitalistischen Wirtschaftsordnung, ihrer Besitzideologie, ihrer Arbeitsdisziplin und ihrer Vereinnahmung weiter Lebensbereiche ein. Im Gefolge davon standen unter dem Stichwort der Emanzipation alle gesellschaftlichen Institutionen und Autoritäten in der Kritik: die Politik, die Religion, die Familie, die Erziehung etc. Gekämpft wurde gegen das Pflichtethos und für die Gefühle, gegen Rollenklischees und für sexuelle Befreiung, für Hedonismus, Individualität, Bürgerrechte und internationale Solidarität. Das Leben sollte ein großes, freies Experimentierfeld sein.

Diese Revolte gegen alles „Apollinische" wurde von der Rock- und Pop-Musik im Theater und der darstellenden Kunst aufgenommen und populär zur herrschenden (Jugend-)Kultur umgestaltet. Besonders die Rock-Musik und der Punk waren ihr trotziger, radikal-kritischer Ausdruck: „undiszipliniert und motzend, asozial, desperat und giftig, selber vergiftet von Heroin und lauerndem Missmut" (Grondahl 2012, S. 55). In den 80er und 90er Jahren des letzten Jahrhunderts kamen zur jugendlichen Avantgarde-Haltung die typischen Fin-de-Siècle-Themen, die Künstlichkeit und Orientierungslosigkeit des Lebensstils hinzu: die unüberwindbare Selbstdarstellung durch „outfit" und distinktiven Auftritt, der ziellose Ego-Trip, die mediale Abhängigkeit und Vermittlung sowie die durch technische Rekombinationsmöglichkeiten (Sampling, Zitate) induzierte Unübersichtlichkeit und Temposteigerung (vgl. Drügh 2009, S. 85). Pop sein und Pop machen hat seither viel mit anti-bürgerlichem Ressentiment, Jugendkult, schnellem Modewechsel, provokativer Stilüber- und -unterbietung und Faszination der Stilmischung zu tun. Gleichzeitig muss die Pop-Performance mediengerecht und massenwirksam bleiben. Dies sind auch die Themen des postmodernen *Pop-Dandys*, nur geht er sie mit einem anderen Habitus und veränderten Stilelementen an.

1. Pop-Literatur

Bei dieser Literaturgattung geht es darum, der eitlen Selbststilisierung der Schriftsteller und dem falschen Ernst der Literatur-Pose den demonstrativen Unernst und Kitsch als parodistische Anti-Haltung entgegenzusetzen. Weder Themenangaben, noch Grammatik, weder Sprachduktus noch erzählerische Details „stimmen". Sie liegen quer zu den Erwartungen und signalisieren die Selbstbezüglichkeit des Spiels. Die Ironie kann und soll das Gefühl des Unbehagens aber umso deutlicher hervortreten lassen. Zentral für diese Haltung sind *Christian Kracht* und sein Roman „Faserland" (1995), in dem er die „vestimentäre Selbstinszenierung" (Stauffer 2009, S. 39) des postmodernen Lebensstils der Kritik unterzieht. Der „Marken-Dandy" als Ich-Erzähler entzieht sich seinem überwertigen „label-thinking" am Ende dadurch, dass er seine exquisite Kleidung verschmutzt, verkotzt und „entsorgt". Ähnlich geht *Benjamin von Stuckrad-Barre* in „Deutsches Theater" (2003) mit der modischen Esskultur und der Fresswelle um. Nach einer Auflistung der In-Lokale und dem Genuss der exquisiten Speisen überfällt ihn nicht nur die Langweile. Der Ennui schlägt um in den Drang zum Erbrechen und in die Lust auf vulgäre Notdurft. Das „Fatherland" wird vollends zur Geschwätzigkeit in „Tristesse Royale" (1999), in der das „popkulturelle Quintett" mit *Joachim Bessing, Eckart Nickel, Alexander von Schönburg* und den bereits genannten *Kracht* und *von Stuckrad-Barre* angeblich zum „wichtigen" Zeitgespräch im Berliner Hotel Adlon antritt. Stattdessen machen sich die Fünf, gespickt mit allen Bildungsattributen, über Literatur und Reich-Ranickis „Literarisches Quartett" lustig, indem sie die erwartete Diskussion durch eine dandyistische Performance unterlaufen. Zwar stimmt das äußere Styling des Quintetts, aber ihr Diskurs hat gar keinen erkennbaren Erzähl- oder Argumentationsfluss. Die ernste „Narration" wird durch ästhetizistische Versatzstücke, Anspielungen, Zitate sowie Ironie unterlaufen und zerstört. So demontieren sie die Norm kritischer Intellektualität, die politische Korrektheit, den Männlichkeitskult etc.

Zwischen den Zeilen aber wird deutlich, welches (post-)moderne Problem sie umtreibt: die „cultural correctness". Alles ist dem Warenfetisch, dem Etikett und dem Kommerz verfallen. Gegen die Vorherrschaft der Marken, die Zwänge der Moden und Zumutungen, sich politisch, wissenschaftlich und kulturell korrekt zu verhalten, gibt es definitionsgemäß keinen Raum mehr für Originalität, Exklusivität und Distinktion. Alles ist gesagt, alles hat man schon gehört. Die Suche nach „unerhört Neuem" zwingt zum permanenten Ausloten von Spielräumen und zieht neue inflationäre Verwerfungen nach sich, aus denen es kein Entrinnen mehr gibt. Deswegen verweigern sie sich den literarischen Stilvorgaben, versuchen aber als Marken-Dandys mediale Aufmerksamkeit für ihr Anliegen zu erringen. Sie sind sich des darin liegenden Paradoxons durchaus bewusst. Deutlich illustriert wird es durch den Pariser Dandy *Frédéric Beigbeder*, der sich in seinen „Mémoires d'un jeune homme dérangé" (1990) als Werbefachmann Octave darstellt. Dieser setzt alles daran, durch sein Buch – einschließlich der dazu notwendigen Werbestrategien – zu erreichen, dass seine Werbeagentur ihn entlässt. Der geschlossene Kreislauf aus Kritik und Vereinnahmung der Kritik wird aber dadurch deutlich, dass er immer stärker in Werbephrasen spricht, die ihm jedoch Gehör und solchen Markterfolg verschaffen, dass er für seine Agentur unverzichtbar wird.

Es gibt keinen Ausweg aus der Gesellschaft. Auch der Dandy muss innerhalb des Systems verbleiben. Er kann nur mit den Normen spielen, sie aber nicht vollständig überspielen (vgl. Hörner 2009, S. 145). Die Ironisierung des etablierten Sinngebäudes ist sein „Beruf", sein Konflikt und sein Leidwesen. Das wusste schon Beau Brummell. Vieles deutet dem ersten Anschein nach auf eine konsumistische Oberflächlichkeit der Dandys hin, und manche lassen es in ihrer Bewertung bei diesem Eindruck bewenden. Manchmal aber scheint das eigentliche Dandy-Prinzip durch, aus dem sich ein tieferer Sinn seines Verhaltens gewinnen lässt. Da nämlich, wo der Menge – und seien es auch die Macht-, Reichtums- und Kritikeliten – die gängigen Haltungen folgsam antrainiert sind und deshalb weitgehend inhaltsleer und unreflektiert bleiben, muss der Dandy diese Leere und den Schein zur Sprache bringen. „Im Spiel mit den Zeichen des Verschwindens … kann der Verschwindende performativ eine neue Sichtbarkeit erhalten und das Zentrum für sich beanspruchen" (Glawion und Nower 2009, S. 116).

Genau dieser Habitus des intelligenten, gezielten Widerstands aber hebt den Dandy vom reinen *Dressman* und von den korrekt gestylten *Promis* ab, die in dieser Hinsicht kaum mehr als Kleiderständer oder Schaufensterfiguren der Mode-, Spaß-, Genuss- und Kulturindustrie darstellen. Subtile Revolte gehört nicht einmal ansatzweise zu ihrem Programm.

2. Pop-Art

Der bedeutendste Vertreter der Pop-Art ist der amerikanische Graphiker, Verleger, Musikproduzent und Filmemacher *Andy Warhol* (Andrew Warholla 1928–1987). Er war ein Dandy reinsten Wassers und hatte auf die Gegenwartskunst einen kaum zu überschätzenden Einfluss. Denn nicht nur die schiere Fülle seiner Arbeiten (11 Bücher [ohne Werkkataloge], 280 Filme, 4000 Videos entstanden in seiner „Factory" in New York) ist an sich schon beeindruckend, entscheidend war vor allem, dass er mit seinen Inszenierungen und Provokationen wie wenige andere die moderne Massenproduktion auf ironische Weise mit der Kunstproduktion verband. Er lenkte den Blick der Betrachter und Künstler weg vom Motiv und hin auf die industrielle Machart der Vorlage bzw. auf den manipulativen Charakter ihrer medialen Herstellung. Deswegen war ihm das Trivialste wie Postkarten, Zeitungsausschnitte von Hollywood-Stars, Comic- und Cartoon-Figuren (Micky Maus, Superman), Werbebilder, Coca-Cola-Flaschen und die ganze Palette der Gebrauchsgüterwelt wie Autos, Eisschränke, Autounfälle gerade recht, um sie zur Kunst zu erklären. In seiner „Factory" verkehrten Dalí, Marcel Duchamp, Basquiat, Mick Jagger, Bob Dylan und andere mehr. Sein Slogan „all is pretty" macht deutlich, dass er den Alltag als glamourös und sensationell empfand, ihn zumindest unter strikt ästhetizistischen Kriterien betrachtete.

Um dies der erstaunten Kunstwelt mitzuteilen, erfand er die sogenannten „multiples", die serielle Wiederholung und das ungewöhnliche Arrangement des immer Gleichen. 30 Mona-Lisa-Postkarten werden miteinander verbunden („30 are better than one"), 20 Suppendosen der Marke Campbell, 4, 6 oder 10 Reproduktionen derselben Porträtphotos von Marilyn Monroe, Liz Taylor, James Dean, Elvis Presley etc. Nicht nur er war manisch an der Wiederholung interessiert („I love to do the same thing over and over again"); er öffnete vielmehr dem Publikum die Augen für die Serienproduktion der industriellen Warenwelt und der medialen Kunstwelt. Aber er beklagte nicht, wie etwa Benjamin, den Verlust der Aura, sondern betonte geradezu den Kunstcharakter dieser Lebensweise (Re-Auratisierung der Moderne).

Ein in der Sache umgekehrter, aber in der Wirkung ähnlicher Blickwechsel gelang ihm in seinen Filmen, in denen er die schnelle Bildsequenz der modernen Medien (Temposteigerung) durch Verlangsamung unterlief. Seine Camp-Filme wie „Sleep", „Eat" und „Empire" unterlaufen das rasante Tempo des Films und der Videoclips durch Anhalten der Bewegung („unbewegte Kamera"). Warhol zwingt das Auge des Betrachters zur aufreizenden Ruhe, indem er gnadenlos, in klinischer Distanz einen Vorgang, z. B. das Schlafen oder Essen einer Person, ohne Schnitt über Stunden hinweg filmt. Andere eingefahrene Erwartungen werden ebenfalls systematisch enttäuscht. So wird der Voyeurismus mit sexuellen Provokationen „hoffähig" gemacht (und gleichzeitig damit die voyeuristische Gesellschaft vorgeführt), indem nackte Männer und Frauen bei Drogen-Exzessen, Sex-Partys, Verwahrlosungen und psychotischen Ausbrüchen filmisch und mit kaltem Auge beobachtet („The Chelsea Girls", „Couch", „Trash") oder Männlichkeits- und Gewaltstereotype persifliert werden (homosexuelle „Lonesome Cowboys", „Blood for Dracula"). Warhol hat obsessiv „alles" im Bild und als ästhetisches Ereignis festgehalten. Dazu gehörte auch seine Person selbst, die er in allerlei exzentrischen Posen („queerness") und Maskierungen – er besaß 65 Perücken (!) –, in öffentlichen Zurschaustellungen ausprobierte und damit das Publikum schockierte und zugleich voyeuristisch animierte.

Warhols scheinbar achtlos hingeworfene Happenings, die in Wirklichkeit aber ausgeklügelte Pop-Inszenierungen von Dekadenz und modernem Exzess sind, wurden weltberühmt. Sie präsentieren den Körper, die Libido, den Starkult, die Statuskämpfe etc. auf schamlose Weise und marginalisieren im Großexperiment die herrschende Sicht auf Konsumpraktiken. Seine Inszenierungen entzaubern unsere Anstandsvorstellungen und Wahrnehmungsnormen (visual codes) sowie die modernen Wichtigkeiten und Wirklichkeitserfahrungen. Der dabei zur Schau getragene Bierernst („unshockable") lässt die Nähe zur Parodie überdeutlich werden. Normbruch macht Normgeltung sichtbar und bestätigt sie. Diese Grunderkenntnis der großen Soziologen von Durkheim bis Goffman wird hier als künstlerisch-spielerische Transgression vorgeführt. Die diesem Vorgehen innewohnende Doppeldeutigkeit zielt auf den Herstellungscharakter unserer sozialen Praxis und: „corresponds to aspects of dandyism in the nineteenth and early twentieth centuries that paved the way for celebrity culture in the late twentieth century (Hawkins 2009, S. 105).

b. Pop-Musik

Diese Dekonstruktionsrituale bedienen sich seit den späten 1970er Jahren einer beinahe unüberschaubaren Vielzahl von Pop-Musikern. Sie sind beileibe nicht alle

Dandys. Hawkins nennt aber immerhin 23 zeitgenössische Pop-Dandys allein in der britischen Musikszene (2009, S. IX), darunter Sänger und Liedermacher wie David Bowie, Bryan Ferry, Mick Jagger, Steven Morrissey, Rod Stewart und Robbie Williams. Er räumt ein, dass sich diese Zahl unschwer ausweiten ließe. Warhols Bedeutung für diese Dandys ist unbestritten: sei es als Musik-Produzent, als Unterstützer von Musik-Gruppen („The Velvet Underground") oder dadurch, dass sich Musikgruppen direkt auf seinen Namen beziehen („The Dandy Warhols"). So tief war der Eindruck, den er auf David Bowie machte, dass dieser 1971 sogar einen Song mit dem Titel „Andy Warhol" schrieb.

Alle Musik-Dandys glorifizieren den Alltag als Kunstprodukt und den Individualismus. Sie alle ziehen gleichzeitig gegen wirtschaftliche, soziale und kulturelle Konventionen zu Felde. Ihre excessive Körperdarstellung und Selbstvermarktung durch auffälliges Outfit, die den Platz der früheren Eleganz eingenommen haben, sind nicht selten wichtiger als die Musik und der Text selbst. Brummell hatte mit seiner „performance" die englische Aristokratie im Auge, Warhol und seine Adepten zielen auf die Spannungs- und Aktionsorientierung der „dandified masses" (Walden 2002, S. 47). Durch sie wurden der euro-amerikanischen Volkskultur neue ästhetische Standards von Spiel, Spaß, Vergnügen und Permissivität gesetzt, die sich nicht mehr in den Spuren der Hochkultur bewegen.

Bowie ist wie viele andere berühmt-berüchtigt dafür, dass er auf der Bühne sein Ego voll auslebt und sich ständig neu erfindet. Das gilt für seinen Musikstil ebenso wie für die äußere Ausstattung und anderes mehr. Dahinter steckt der Wille und das Erfolgsrezept, die Grenzen des Machbaren ständig auszutesten und zu erweitern. Realität ist nichts Festes: Das gilt auch für das Image, die eigene Person, die Rolle, das Geschlecht, die Kleidung, die Rasse, die Nation. Alles wird gemischt, wiederverwendet (recycled), imitiert, verschoben und parodiert. Das geschieht nicht ohne Witz und Esprit. Ganz ernst soll auch die ernste Musikerzählung nicht genommen werden. Vielfach mokieren sich die Dandys über die Mode, die Medienkultur, über die Angst vor der Homosexualität (z. B. Mick Jagger über den unfairen Prozess gegen Oscar Wilde), über die Politik, ja selbst über ihre Musik. Der Darsteller und seine „dandified performance" ist die Botschaft, Musik nur Medium und Maske (Hawkins 2009, S. 153 ff.). Was als „wirklich" gelten soll, wird jeweils strategisch erarbeitet. Berühmt für diese Haltung wurde Bowie mit seinem Pierrot-Kostüm. Zu anderen Gelegenheiten parodierte er die Reagan-Thatcher-Ära durch einen Anzug, der zur einen Hälfte aus der britischen, zur anderen aus der US-amerikanischen Flagge bestand. Mick Jagger, der „Mephisto und Sartyr der Rolling Stones", unterlief das Modediktat durch abgewetzte Jeans, nackte Brust und hochgestylte Designer-Jacken. Für den Auftritt vor Publikum findet jeweils die passende Maskierung statt, die stark an Brummells Krawatten erinnert (Hawkins 2009, S. 154).

Spektakuläre Selbstästhetisierung und Glamour bis hin zur „auto-idôlatrie" (Baudelaire) gehörten immer zum Dandy. In der Pop-Musik trat die provokative, coole und selbstsichere Zurschaustellung des Körpers und der Sexualität noch stärker in Erscheinung. Die Musikshows sind nicht ohne Widersprüchlichkeit, denn alle diese Pop-Künstler sind musikalische Könner, aber auch gewiefte Entertainer. Sie wissen sehr wohl um die Gesetze der Massenkultur und der Publikumswirksamkeit. Das ist der Boden, auf dem sie stehen. Solche Strukturvorgaben werden nicht oder nur ganz vorsichtig in Frage gestellt. Die Experimente mit der Transgression sind hochkontrolliert.

b. Erschlaffung, Vanitas und Melancholia

Zweifellos muss Warhol auch als einer der Wegbereiter gelten, die der in den angelsächsischen und kontinentalen Medien seit den 1980er Jahren gepflegten „Berühmtheitskultur" mit ihren flachen *chat shows, game shows, food shows* und *fashion shows* (fashionistas) den Boden bereitet haben. Beim wöchentlichen TV- und Zeitschriftenausstoß von *„one-day celebrities"* hat sich allerdings das für den Dandy mit-konstitutive spielerisch-verächtliche Widerstandsmoment völlig verflüchtigt. Diese Promis sind mit ihren Auftritten nur daran interessiert, in den Shows und Magazinen „anzukommen" und sich so einen meist schnell verblühenden und lokal begrenzten Namen zu machen. Sie sind das mediokre Unterfutter eines gierigen Marktes für aufgeregte Neuigkeiten und scheinbare Sensationen. Über die systemimmanenten Grenzen ihres kurzen Auftritts sind sie kaum im Bilde. Die Macher im Hintergrund sind es wohl, nicht aber die Stars und Sternchen, die mit dem verführerischen, aber flüchtigen Schein abgespeist werden.

Und doch ist Langlebigkeit seiner Projekte auch des wahren Dandys Sache nicht. Von ganz wenigen Ausnahmen (wie Bowie und Jagger vielleicht) abgesehen, gleichen sie Meteoren, die nach kürzester Zeit erlöschen. Auch sie stehen im Zeichen der *Vanitas:* in ihrer alten Mehrfachbedeutung von Eitelkeit, Vergeblichkeit und Vergänglichkeit. Wenn alles im Recycling, Remodeling, Relaunching durchgespielt ist, wenn alles neu arrangiert, alles Provokative gesagt und getan ist, wenn jedes Tabu gebrochen ist, kann es nur noch eine wenig innovative Verwaltung der Bestände geben. Diese muss im Bewusstsein enden, dass alles altbekannt und daher langweilig ist. Die kurzfristige Verblüffung, die Unterhaltung, der Glamour und der Spleen verfallen selbst dem Gesetz, dass alles anders sein könnte und – deswegen – schnellstens entsorgt zu werden verdient. So erstarrt und erschlafft auch die (Pop-) Moderne vor der von ihr selbst beschworenen und gefeierten Kontingenz der Welt. Die passende Mentalität der Postmoderne ist nach Lyotard deshalb Ekel und Überdruss, kurz: die *Melancholia* (1982, S. 131).

c. Brummell oder Des Esseintes?

Folglich sehen manche Beobachter auch nicht Brummell, sondern die Dekadenz eines Des Esseintes als Modell des postmodernen Dandytums an (vgl. Erbe 2009, S. 30; Werber 2009, S. 75 ff.; Drügh 2009, S. 83 ff.; Gnüg 1988, S. 291). Dieser sei das Vorbild der massenkulturell abgestimmten, ästhetizistischen „Camp-Mentalität" (Sontag 1968, S. 269 ff.), der es vorrangig um die Vorliebe für alles Konstruiert-Künstliche, Gierig-Übertriebene und Glamourös-Theatralische oder Exzentrische geht. Das mag stimmen.

Nicht aber kann Des Esseintes gemeint sein, wenn dessen äußerst überfeinerte, dekorative Kultiviertheit in den Blick gerät. Zumindest Pop-Art und Pop-Musik finden sich darin nicht wieder. Die modernen Zeiten verteilen die Aura der Bedeutsamkeit weniger nach dem Kriterium der Distinguiertheit als nach dem Prinzip des Aktionismus. Des Esseintes sucht konsequenterweise das innere Exil. Es ist Ausdruck seiner Zeitkritik. Rückzug aber war nicht Brummells Ansinnen. Er wollte, wie auch die Pop-Dandys (d. h. jene, die den Namen verdienen), aus dem Rahmen fallen, um öffentlich zu wirken. Wer diesen Auftrag zur Transformation nicht spürt, wem es nur um spektakuläre „action" geht, allein um aufzufallen, um im Gespräch zu bleiben und Geld zu machen, der kann nicht mehr als eine flache Imitation des Originals sein (Carassus 1971, S. 176). Er mag sich Dandy nennen oder so genannt werden, ist es aber nicht. Die überbordende Dandy-Literatur leidet unter dieser begrifflichen Unschärfe (vgl. dazu Hörner 2008, S. 294 ff.). Wen wundert es, dass der Begriff „Dandy" heute schon von der Werbebranche als verkaufsträchtiges „label" vereinnahmt worden ist.

Des Esseintes war ein negativistisch gefärbter Ästhetizist, den seine Abscheu vor dem Vulgären und Banalen in die Isolation zwingt, Brummell hingegen der Prototyp des brilliant impertinenten Ästheten, der seine Provokation zum künstlerischen Gegenentwurf gegen seine Zeit wendete. Beide, der Décadent und der Dandy, kämpfen auf ihre Weise gegen die Herrschaft des „Man" (Heidegger 1967, S. 126 ff.), und das heißt: gegen die alltägliche Durchschnittlichkeit des Massengeschmacks und die herrschsüchtig einebnende Botmäßigkeit der Popularisierung. Gegen diese „Normalität" setzen sie – mit paradoxen Mitteln – die Herrschaft des Ich. Aber sie wissen oder ahnen, dass beide Versionen sich berühren.

Die Dandys treffen sich deshalb auch in der Erkenntnis, dass das exzentrische Spiel mit den etablierten Normen nicht auf Dauer zu stellen ist. Die mediale Massengesellschaft wird dessen schnell müde und frisst ihre Kinder. Darin mag der Dandy-typische Zug zur Schwermut begründet sein. Melancholie ist nicht nur eine „Begleiterscheinung der Schönheit" (Gnüg 1988, S. 291) oder des Exzesses, sondern haftet unserem Denken und Handeln insgesamt als „Virus der Unerfüllbarkeit" an (Steiner 2008, S. 67).

Dass Denken und Verwirklichung höhnisch auseinanderklaffen, ist eine beständige Quelle von Traurigkeit aller Menschen. Aber selbst wenn es manchmal gelingen sollte, die Kluft zu überbrücken, dann haben auch die Erfolge ihre Fußangeln. Denn: „Eine verräterische Leere, eine traurige Sattheit folgt dem erfüllten Begehren. (Goethe und Proust sind schonungslose Erkunder dieser accidia)" (Steiner 2008, S. 68). Der Dandy und einige seiner Verwandten sind alte und neue Zeugen dieser Crux.

Literatur

Balzac, Honoré (de). 1830, 1938. Traité de la vie élégante. In *Oeuvres complètes*, Bd. 2, 152–185. Paris.

Barbey d'Aurevilly, Jules. 1843, 1966. Du Dandysme et de George Brummell. In *Oeuvres romanesques complètes*, Bd. 2, 667–733. Paris.

Barstad, Guri Ellen. 2004. Jean Lorrain: Monsieur de Bougrelon. Chute du dandy, fête de language. In *Dilettant, Dandy und Décadent*, Hrsg. G. E. Barstadt und Marie-Thérèse Federhofer, 151–183. Hannover.

Barstad, Guri Ellen, und Marie-Theres Federhofer, Hrsg. 2004. *Dilettant, Dandy und Décadent*. Hannover.

Barthes, Roland. 1982. Das Dandytum und die Mode. In *Riten der Selbstauflösung*, Hrsg. V. Von der Heyden-Rynsch, 304–308. München.

Baudelaire, Charles. 1863, 1976. Le peintre de la vie moderne. Le Dandy. In *Oeuvres complètes*, Bd. 2, 683–724. Paris.

Baudrillard, Jean. 1978. *Agonie des Realen*. Berlin.

Bauman, Zygmunt. 1997. *Flaneure, Spieler und Touristen. Essays zu postmodernen Lebensformen*. Hamburg.

Bauman, Zygmunt. 1999. *Unbehagen in der Postmoderne*. Hamburg.

Beck, Ulrich. 1986. Jenseits von Klasse und Stand? Gesellschaftliche Individualisierungsprozesse und die Entstehung neuer sozialer Formationen und Identitäten. In *Risikogesellschaft*, Hrsg. Ulrich Beck. Frankfurt a. M.

Beerbohm, Max. 1989. *Dandys. Ausgesuchte Essays und Erzählungen*. Zürich.

Benjamin, Walter. 1980. *Charles Baudelaire. Ein Lyriker im Zeitalter des Hochkapitalismus*. Frankfurt a. M.

Berger, Peter L., Brigitte Berger, und Hansfried Kellner. 1987. *Das Unbehagen in der Modernität*. Frankfurt a. M.

Byron, George. 1847. *The life of Byron*. London.

Bruckner, Pascal. 1992. *Ich leide, also bin ich. Die Krankheit der Moderne*. Berlin.

Carrassus, Émilien. 1971. *Le Mythe du Dandy*. Paris.

Coblence, Francoise. 1988. *Le dandysme, obligation d'incertitude*. Paris.

Derveaux, René. 2002. *Melancholie im Kontext der Postmoderne*. Berlin.

Dörr-Backes, Felicitas. 2003. *Exzentriker. Die Narren der Moderne*. Würzburg.

Drügh, Heinz. 2009. Dandys im Zeitalter des Massenkonsums. Popliteratur als Neo-Decadence. In *Depressive Dandys*, Hrsg. A. Tacke und B. Weyand, 80–100. Köln.

Eco, Umberto. 1986. *Über Gott und die Welt. Essays und Glossen*, 4. Aufl. München.

R. Hettlage, *Der Dandy und seine Verwandten*, essentials,
DOI 10.1007/978-3-658-06143-2 © Springer Fachmedien Wiesbaden 2014

Eco, Umberto. 1988. Postmodernismus, Ironie und Vergnügen. In *Wege aus der Moderne. Schlüsseltexte der Postmoderne-Diskussion*, Hrsg. Wolfgang Welsch. Frankfurt a. M.

Erbe, Günter. 2002. *Dandys. Virtuosen der Lebenskunst. Eine Geschichte des mondänen Lebens*. Köln.

Erbe, Günter. 2004. Der moderne Dandy. In *Aus Politik und Zeitgeschichte*. B 46/2004.

Erbe, Günter. 2009. Der moderne Dandy. Zur Herkunft einer dekadenten Figur. In *Depressive Dandys. Spielformen der Dekadenz in der Pop-Moderne*, Hrsg. A. Tacke und B. Weyand, 17–38. Köln.

Feldman, Jessica F. 1993. *Gender on the divide. The Dandy in modernist literature*. Ithaca.

Foucault, Michel. 1983. Qu'est-ce que les Lumières? In *Dits et écrits*, Bd. 2, Hrsg. Michel Foucault, 1381–1397. Paris.

Garelick, Rhonda K. 1998. *Rising star. Dandyism, gender, and performance in the Fin de Siècle*. Princeton.

Glawion, Sven, und Immanuel Nover. 2009. Das leere Zentrum. Christian Krachts „Literatur des Verschwindens". In *Depressive Dandys*, Hrsg. Tacke und Weyand, 101–120. Köln.

Gnüg, Hiltrud. 1988. *Kult der Kälte. Der klassische Dandy im Spiegel der Weltliteratur*. Stuttgart.

Grondahl, Jens Christian. 2012. Ich möchte auch einmal jung sein. *Neue Zürcher Zeitung* 47 (25. Februar 2012): 55.

Gross, Peter. 1999. *Ich-Jagd. Im Unabhängigkeitsjahrhundert*. Frankfurt a. M.

Grundmann, Melanie. 2007. *Der Dandy – wie er wurde, was er war. Eine Anthologie*. Köln.

Hawkins, Stan. 2009. *The British Pop Dandy. Masculinity, popular music und culture*. Farnham.

Heidbrink, Ludger. 1994. *Melancholie und Moderne*. München.

Heidegger, Martin. 1967. *Sein und Zeit*. 11. Aufl. Tübingen.

Hörner, Fernand. 2008. *Die Behauptung des Dandys. Eine Archäologie*. Bielefeld.

Hörner, Fernand. 2009. „Dandyism's not Dead". Auf- und Abtauchen des Dandys am Beispiel Frédéric Beigbeders. In *Depressive Dandys*, Hrsg. Tacke und Weyand, 142–159. Köln.

Huysmans, Joris-Karl. 1884, 1977. *A Rebours*. Paris.

Jesse, William. 1844. *The life of George Brummell, Esq. commonly called Beau Brummell*. London. (Neuauflage 1893).

Käsler, Dirk. 1977. *Revolution und Veralltäglichung*. München.

Kermol, Enzo, und Mariselda Tessarolo. 1998. *Divismo Vecchio e Nuovo. La trasformazione dei modelli di divismo*. Padova.

Knijff, Melanie. 2006. *Hybride Sinnsysteme in Informationsnetzwerken. Moderne Identitätsbildung und Heilssuche über den menschlichen Körper*. Frankfurt a. M.

Krebs, Marco. 2012. Wir waren die Welt. *TagesWoche*, Nr. 7, 2. Jahrgang. 17. Februar 2012, 44–45.

Kuhn, Daniela. 2012. Das eigene Leben – schwarz auf weiss. *Neue Zürcher Zeitung*, Nr. 24, vom 30. Januar 2012, 24.

Lemaire, Michel. 1978. *Le dandysme de Baudelaire à Mallarmé*. Montreal.

Lepenies, Wolf. 1972. *Melancholie und Gesellschaft*. Frankfurt a. M.

Lyotard, Francois. 1982. Beantwortung der Frage: Was ist postmodern. *Tumult* 1982 (4): 131–142.

Morand, Paul. 1976, 1999. *L'allure de Chanel*. Paris.

Nietzsche, Friedrich. 1968. *Menschliches, Allzumenschliches. Ein Buch für freie Geister*. Frankfurt a. M.

Nietzsche, Friedrich. 1988. *Nachgelassene Fragmente 1884–1885. Kritische Studienausgabe (KSA)*. Bd. 11. München.

Papcke, Sven. 2001. *Gesellschaft der Eliten. Zur Reproduktion und Problematik sozialer Distanz*. Münster.

Peng, Hsiao-yen. 2010. *Dandyism and transcultural modernity. The dandy, the flaneur, and the translator in 1930s Shanghai, Tokyo und Paris*. London.

von Pückler-Muskau, Fürst Herrmann. 1830, 1991. *Briefe eines Verstorbenen*. Frankfurt a. M.

Reventlow, Franziska Gräfin zu. 1912. *Von Paul zu Pedro. Amouresken*. München.

Ritchie, Chris. 2007. *The Idler and the Dandy in stage comedy, 500 B.C.–1830. A history of a dramatic character type*. Lewiston.

Rorty, Richard. 1989. *Kontingenz, Ironie und Solidarität*. Frankfurt a. M.

Rossbach, Susanne. 2002. *Des Dandys Wort als Waffe*. Tübingen.

Schickedanz, Hans J. 2000. *Ästhetische Rebellion und rebellische Ästheten*. Frankfurt.

Schütt, Julian. 2012. „La grrrrrrande comédie". *Basler Zeitung* vom 5. Februar 2012, S. 28.

Simmel, Georg. 1984. Die Großstädte und das Geistesleben. In *Das Individuum und die Freiheit*, Hrsg. Georg Simmel, 192–204. Berlin.

Sombart, Nikolaus. 1987. *Nachdenken über Deutschland. Vom Historismus zur Psychoanalyse*. München.

Sontag, Susan. 1968. Anmerkungen zu Camp. In: *Dies. Kunst und Antikunst. 24 literarische Analysen*. 269–284. Reinbek b. Hamburg.

Stauffer, Isabella. 2008. *Weibliche Dandys, blickmächtige Femmes fragiles. Ironische Inszenierungen des Geschlechts im Fin de Siècle*. Köln.

Stein, Gerd, Hrsg. 1985. *Dandy – Snob – Flaneur. Dekadenz und Exzentrik. Kultfiguren und Sozialcharaktere des 19. und 20. Jahrhunderts*. Bd. 2. Frankfurt a. M.

Steiner, George. 2008. *Warum Denken traurig macht. 10 (mögliche) Gründe*. Frankfurt a. M.

Tacke, Alexandra und Björn Weyand, Hrsg. 2009. *Depressive Dandys. Spielformen der Dekadenz in der Pop-Moderne*. Köln.

Tamagni, Daniele. 2009. *Gentlemen of Bacongo*. London.

Walden, George. 2002. *Who is a Dandy?* London.

Weber, Max. 1921, 1976. *Wirtschaft und Gesellschaft. Grundriss der verstehenden Soziologie*. Tübingen.

Werber, Niels. 2009. „Das graue Tuch der Langeweile". Der Dandy als Motiv und Verfahren in der Literatur 1900/2000. In *Depressive Dandys*, Hrsg. A. Tacke und B. Weyand, 60–79. Köln.

Whittaker, Helène. 2004 Petronius. A Dandy in Antiquity? In *Dilettant, Dandy und Décadent*, Hrsg. G. E. Barstadt und M.-Th. Federhofer, 17–28. Hannover.

Wilde, Oscar. 1974. *The picture of Dorian Gray*. London.

Woolf, Virginia. 1930. *Beau Brummell*. New York.